모바일 영상 편집, 이제 고급 스킬까지 마스터한다

루마퓨전 한 걸음 더

모바일 영상 편집, 이제 고급 스킬까지 마스터한다

루마퓨전
한 걸음 더

이재면 지음

저자 소개

이재면

기업 광고 영상 및 바이럴 영상 편집 경력 약 6년, 유튜브 크리에이터 경력 1년, 유튜브 전문 편집 및 컨설팅 경력 1년의 영상 편집자이다. 현재 유튜브 토탈 솔루션 컨설팅 기업 Bridge Studio의 메인 디렉터를 맡고 있으며, 직접 운영하는 유튜브 채널 '치하키 스튜디오'를 통해 지금보다 더 많은 사람들이 쉽고 편하게 영상 제작의 매력에 빠져들 수 있도록 노력하고 있다. 저서로는 〈처음 만나는 루마퓨전〉이 있다.

- 모바일 편집 강의 유튜브 채널 "치하키 스튜디오" 운영
- 대학 교육 기관 광고 영상 및 바이럴 영상 기획 및 제작
- Ahnlab 안랩 사회가치실현사업 유튜브 채널 편집
- 한국오카리나협회 유튜브 채널 컨설팅 및 편집
- 샌드박스 네트워크 소속 게임 크리에이터 "밍모" 편집
- 약사 유튜버 "약먹을시간" 채널 편집
- 여성가족부 주최 "피임약 인식 개선 캠페인" 콘텐츠 제작(뮤직비디오 비하인드, 인터뷰, 토크 콘서트 비하인드 등)
- 유튜브 컨설팅 및 유튜브 성장법 온라인 강의
- 광명시 청소년 사회복지관 주체 유튜버 분야 진로 강연

베타 리더 리뷰

유튜브 영상, 원격 수업 영상, 간단한 브이로그를 제작할 때 루마퓨전은 정말 편리한 편집 도구입니다. 아이폰이나 아이패드로 원하는 영상을 제작할 수 있어서 많은 사람들이 이용하고 있습니다. 하지만 간단한 영상 편집을 넘어 조금 더 창의적이고 감각적인 영상을 만들기 위해서는 누군가의 도움이 필요하다는 생각이 듭니다. 그런 점에서 이 책은 영상 제작의 도움을 받을 수 있는 친절한 선생님 같은 책입니다. 책에서 나온 기능을 하나하나 익히다 보면 누구나 자막, 영상, 배경화면 편집을 손쉽게 배울 수 있는 것이 가장 큰 장점입니다.

특히 실제 편집 화면을 중심으로 차근차근 설명해주기 때문에 루마퓨전을 가끔 사용하는 유저라도 금방 이해할 수 있습니다. 또 치하키 님의 유튜브에 관련 영상이 있어 루마퓨전을 공부할 때 정말 수월했습니다. 영상으로 자신의 생각을 표현하는 방식이 익숙해진 지금, 더 멋진 영상 크리에이터가 되고픈 많은 분께 이 책을 추천하고 싶습니다.

박수환

이 책을 계기로 잘 쓰지 못했던 루마퓨전이라는 프로그램을 더욱 자세히 알게 되었습니다. 다른 영상 편집 책들의 경우 글로 설명하는 경우가 많아서 직관적이지 못했다고 느꼈었는데 이 책은 한 페이지에 거의 이미지 하나씩은 들어있는 것 같아 보면서 따라하기가 더 쉬웠던 것 같습니다. 제목이나 자막, 특수 효과 등 다양한 영상 편집 기법을 쉽게 배울 수 있는 기회가 되었다고 생각합니다. 루마퓨전을 처음 다루기 시작할 때 이 책도 같이 참고하여 사용하시면 좋을 것 같습니다.

이정호

유튜버가 인기를 끌면서 영상 편집의 수요는 나날이 늘어나고 있습니다. 프리미어 프로, 파이널 컷 등의 유명 영상 편집 툴이 존재하지만 가격적인 부담이 클 수밖에 없습니다. 그래서 저는 3만 원대의 저렴한 가격으로 영구적으로 사용할 수 있는 루마퓨전을 추천합니다. 하지만 루마퓨전에는 자세한 사용법을 배울 만한 마땅한 교재가 존재하지 않는다는 큰 문제점이 있었습니다. 그러던 중 이 책이 출간되어 이제는 누구나 간편하게 루마퓨전의 사용법을 배울 수 있게 되었습니다.

이제부터 영상 편집을 배우고 싶은 분들이 계시다면 이 책을 추천합니다. 이 책을 읽고 저자의 설명대로 따라 하다 보면 간단한 자막 추가부터 VLOG 영상 제작에 관한 기술까지 터득할 수 있게 될 것입니다.

조영홍

목차

●●●
●●●
●●●

모바일 영상 편집에 한계는 없다

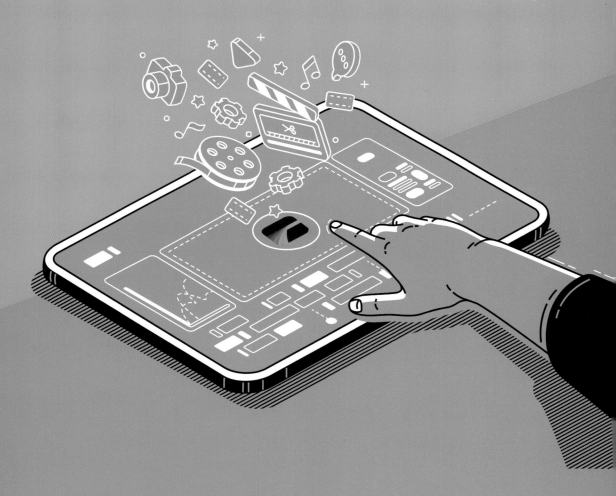

모바일로 어느 수준의 편집까지 가능할까?

불과 20년 전만 하더라도 휴대폰으로 마음껏 인터넷을 하고 게임을 한다는 것은 꿈에 불과한 이야기였습니다. 그러나 약 20년 만에 우리는 컴퓨터와 비슷한 수준의 인터넷 속도를 이용할 수 있게 되었고, 컴퓨터와 비슷한 수준의 게임을 할 수 있게 되었습니다. 이제는 컴퓨터를 이용하는 시간보다 스마트폰을 이용하는 시간이 더 많아졌습니다. 이처럼 스마트폰의 발전은 하루가 다르게 발전하고 있습니다.

영상 편집 앱 또한 다르지 않습니다. 과거에는 영상 편집 앱의 종류도 다양하지 못했고 정말 간단한 편집만 진행할 수 있었으나, 지금은 수십 가지의 영상 편집 앱이 출시되었고 그 기능 또한 매우 다양해졌습니다.

이제는 모바일 영상 편집 앱으로도 우리가 유튜브에서 일반적으로 시청할 수 있는 영상 정도의 퀄리티는 너무나도 쉽게 만들어낼 수 있습니다. 모션 그래픽의 영역이나 CG 영역을 제외하면 컴퓨터로 할 수 있는 편집의 거의 모든 기능을 앱으로도 만들어낼 수 있습니다. 못 믿으시겠다면, 이 책으로 증명해 보이겠습니다.

이 책에서는 실전 편집 스킬들을 다루고 있습니다. 유튜브에서 주로 사용되는 편집 스킬들뿐만 아니라 각종 TV 광고, 뮤직비디오 등에서만 볼 수 있는 고급 편집 스킬까지 아이폰/아이패드 영상 편집 앱인 루마퓨전으로 만들어볼 예정입니다. 여러분은 이제 루마퓨전과 이 책만 있으면 컴퓨터 영상 편집 프로그램도 부럽지 않게 될 것입니다.

● 이 책은 〈처음 만나는 루마퓨전〉의 후속편이며, 실전에서 사용 가능한 고급 편집 기술을 다루는 책입니다. 따라서 기본적인 인터페이스나 기초적인 편집 스킬은 다루지 않고 있습니다. 루마퓨전의 기초적인 편집 방법이 필요하신 분들은 〈처음 만나는 루마퓨전〉을 먼저 학습하시길 추천합니다.

● 이 책에 포함된 루마퓨전 이미지는 아이폰에서 실행된 화면입니다. 아이패드 또는 맥북을 이용하여 루마퓨전을 실행하시는 분들은 책 속의 이미지와 화면 구성 및 크기가 조금 다를 수 있습니다. 다만 기본적인 사용법 및 기능과 버튼들은 다 동일하니 걱정하지 않으셔도 됩니다.

CHAPTER 01

실전 편집 스킬 : 자막 꾸미기

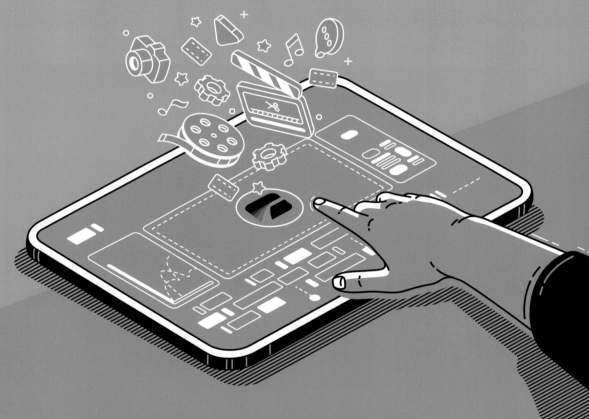

TIP

자막은 영상의 보는 맛을 더해주는 필수적인 부분이다. 자막은 상황을 설명하거나 영상에 포인트를 주는 용도로 사용되기도 하지만, 화면을 구성하는 중요한 하나의 요소이기 때문에 디자인이 굉장히 중요하다고 할 수 있다. 자막을 어떻게 디자인하느냐에 따라 영상의 퀄리티가 바뀔 수 있기 때문에 자막을 꾸미는 방법은 반드시 기억해서 실전에서 사용해보자.

1. 배경이 비치는 자막 효과

유튜브 영상을 보다 보면 투명한 글자 뒤로 배경이 비치는 자막 효과를 많이 봤을 것이다. 이렇게 투명한 글씨에 배경이 비치는 자막은 영상의 인트로로 매우 많이 활용되는 효과이며, 분위기를 반전시키는 데 사용하기에도 좋다. 투명한 글씨에 배경이 비치는 자막 효과는 어떻게 만들어지는지 지금부터 함께 알아보자.

영상을 편집하기 위해 가장 먼저 해야 할 작업은 바로 프로젝트를 생성하는 것이다. 프로젝트를 생성하는 방법은 영상 편집의 가장 기초이므로 이 책을 학습하시는 분들은 모두 알고 있을 것이라 생각한다. 따라서 프로젝트 생성 방법은 첫 예제인 해당 예제에서만 다룰 것이며, 이후 예제부터는 다루지 않을 예정이다.

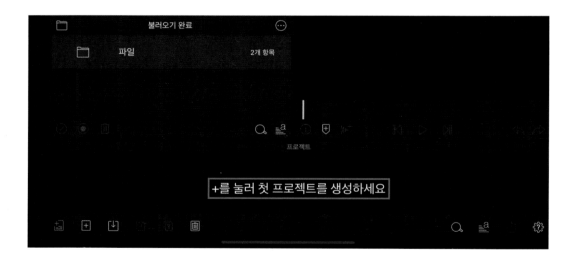

루마퓨전을 실행하면 위 사진과 같은 화면이 나오며 +버튼을 통해 프로젝트를 생성할 수 있다.

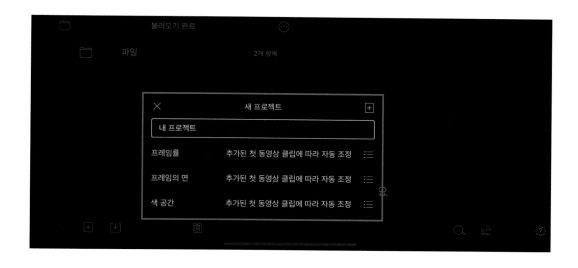

+버튼을 누르면 생성할 프로젝트의 각종 설정 값을 설정할 수 있다. 여기서 가장 중요한 설정 값은 프레임률과 프레임의 면이다.

🎨 프레임률?

초당 전송하는 프레임의 개수를 의미한다. 우리가 보는 모든 동영상은 여러 장의 사진을 이어 붙여 만든 것이다. 이때 1초에 몇 장의 사진을 보여줄 것인가를 선택하는 것이 바로 프레임률이다. 즉, 프레임률의 값이 30이라면, 1초에 30장의 사진을 보여주는 것이고, 60이라면 1초에 60장의 사진을 보여주는 것이다. 이 프레임률의 값이 커지면 커질수록 초당 많은 사진을 보여주기 때문에 영상은 더 부드럽고 사실적이지만 그만큼 용량 또한 증가한다. 반대로 프레임률이 낮으면 초당 더 적은 사진을 보여주는 것이기에 부드럽지 않은 영상이 되지만 그만큼 용량도 줄어들게 된다.

여기까지만 본다면 프레임률이 높은 것이 무조건 좋은 것이라 생각할 수 있다. 하지만 꼭 그렇지는 않다. 보통 우리가 접하는 대부분 영상들의 프레임률은 30프레임이다. 일반적으로 사람의 눈으로 봤을 때 30프레임 정도의 수준이 가장 적당하다. 60프레임은 30프레임보다 조금 더 부드러운 느낌이 들지만, 그 이상으로 올라가면 사람의 눈으로는 쉽게 구분하기 힘들다. 즉, 특별한 목적이 있지 않다면 60프레임 이상으로 올리지 않는 것이 일반적이다. 반면 영화와 같은 영상미를 더해야 하는 분야에서 프레임률을 높이기보다는 오히려 30프레임보다 더 낮은 24프레임을 사용한다. 유튜브의 영상에서 일반적으로 구분해보자면 토크, 예능, 정보 전달 등 우리가 유튜브에서 보는 대부분의 영상은 모두 30프레임, 부드러운 모션이 필요한 게임 영상들은 60프레임, 영상미를 보여주는 여행 영상의 경우 24프레임으로 작업한다고 생각할 수 있겠다.

사실 이 프레임률은 편집에서만 결정하는 것이 아니라, 촬영할 때부터 결정해야 하는 값이다. 일반적으로는 촬영에서 선택한 프레임을 편집에 그대로 적용하지만, 목적에 따라 조금씩 달라질 수 있다.

🎨 프레임의 면?

화면 비율을 의미한다. 프레임의 면이 16:9라면 영상의 가로 길이가 16일 때 세로 길이는 9가 되는 것이다. 영상을 촬영하거나 편집할 때 자신이 어떤 장면을 어떻게 보여줄 것인지에 따라 다르게 설정된다. 또한 편집한 영상을 어떤 플랫폼에 업로드할 것인지에 따라서도 다르게 설정한다. 일반적으로 가장 많이 사용되고 유튜브에 업로드 되는 가장 많은 화면 비율은 16:9이다. 아마 가장 많이 들어봤을 1920*1080크기의 FHD 화면, 4K 화면 등이 다 이 비율에 해당한다. 하지만 인스타그램 영상 업로드의 경우 보통 1:1의 화면 비율을 많이 사용한다. 페이스북 플랫폼에 영상을 올릴 때에는 스마트폰 화면처럼 세로로 긴, 9:16 화면을 사용하기도 한다. 자신이 편집하는 영상의 용도에 맞게 원하는 프레임의 면을 선택한다.

자신이 생각하는 영상의 목적에 따라 프레임률과 프레임의 면을 선택하면 되지만, 가장 일반적으로 선택하는 설정 값은 다음과 같다.

프레임률은 앞에서 설명했던 것처럼 영상의 목적에 따라 원하는 화면 비율을 선택하면 되지만, 일반적인 경우 가장 많이 사용하는 프레임률인 30프레임을 선택한다.

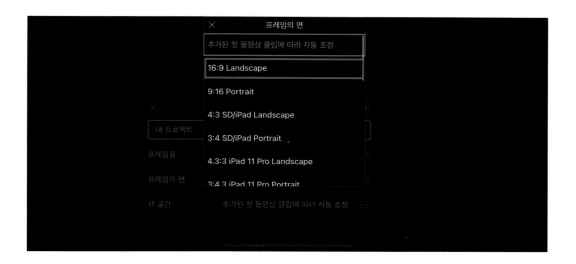

프레임의 면은 앞에서 설명했던 것처럼 영상의 목적에 따라 원하는 화면 비율을 선택하면 되지만, 일반적인 경우에는 보통 16:9 비율을 선택한다.

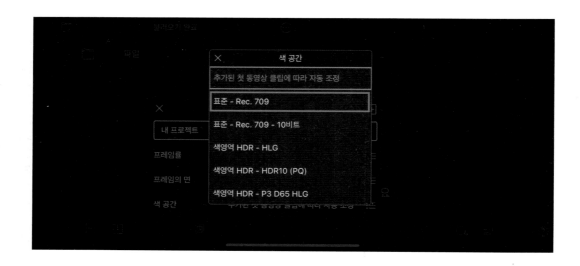

색 공간은 가장 위에 있는 표준으로 설정해주면 된다.

원하는 설정 값을 모두 선택했다면 우측 상단의 +버튼을 통해 프로젝트를 생성할 수 있다.

프로젝트를 성공적으로 생성했다면 위 사진과 같은 화면을 확인할 수 있다. 이제 우리는 비로소 영상을 편집할 준비가 된 것이다.

이제 본격적으로 투명한 글씨에 배경이 비치는 자막 효과는 어떻게 만들어지는지 알아보자.

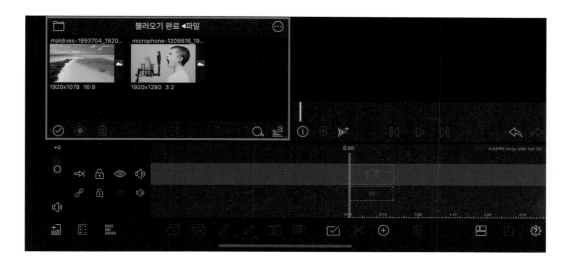

먼저 좌측 상단의 미디어 라이브러리 섹션에서 배경으로 사용할 영상을 골라 타임라인의 메인 트랙으로 불러오자.

원하는 영상을 메인 트랙으로 불러왔다면 하단의 클립 추가 버튼을 터치해보자.

클립 추가 버튼을 터치하면 현재 추가할 수 있는 여러 가지 영상 클립의 종류가 나타난다. 여기서 우리는 가장 하단의 오버레이 타이틀을 터치하자.

오버레이 타이틀을 터치하면 위 사진과 같이 메인 트랙 바로 위 1번 트랙에 자막 클립이 추가된다.

추가된 자막 클립을 터치하여 선택한 상태에서 하단 연필 모양의 클립 편집 버튼을 터치하면 클립 편집 화면으로 이동할 수 있다.

위 사진과 같은 타이틀 편집 화면에서 [여기에 텍스트 입력]이라고 되어 있는 부분을 2번 터치하면 원하는 텍스트로 수정이 가능하다.

해당 화면에서 자신이 원하는 텍스트로 수정하자.

텍스트 수정을 완료했다면 가상 키보드 우측의 완료 버튼을 눌러주자.

우측 하단의 여러 가지 기능을 통해 텍스트를 디자인할 수 있다. 지금 우리는 배경이 비치는 자막 효과를 만들 예정이기 때문에 배경이 잘 비칠 수 있도록 텍스트 굵기가 굵은 폰트로 변경해주는 것이 좋다.

텍스트 크기 또한 충분히 크게 조정해주는 것이 좋다. 물론 반드시 그래야 하는 것은 아니다. 본인이 원하는 디자인 방향이 있을 경우에는 원하는 대로 진행해도 무관하다.

폰트, 그리고 텍스트 크기까지 조절을 완료했다면 위 사진에서 보이는 얼굴 컬러를 터치해준다. 얼굴 컬러는 폰트의 색상을 변경하는 부분이라 생각하면 된다.

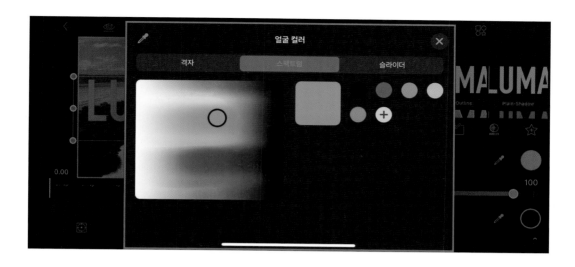

해당 텍스트에 크로마키 효과를 적용할 것이기 때문에 폰트의 색깔은 반드시 초록색으로 설정해준다.

텍스트 색상까지 변경을 완료했다면, 우측 클립 추가 버튼을 터치한다.

3가지의 추가 가능한 클립 중 중간에 있는 형태 클립 추가 버튼을 터치한다.

클립 추가 버튼을 터치하면 위 사진과 같이 사각형 모양의 형태 클립이 추가된 것을 확인할 수 있다. 이제 이 형태 클립의 색상을 원하는 색상으로 변경하자.

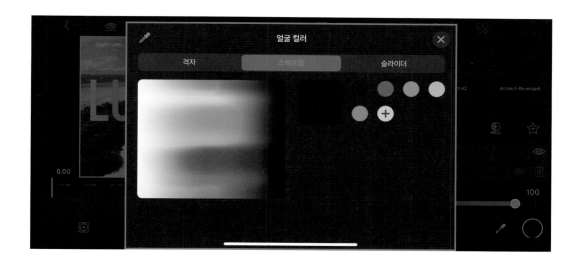

어떤 색상을 선택해야 할지 모르겠다면 가장 무난한 검은색을 선택하자.

형태 클립을 원하는 색상으로 변경했다면 형태의 크기를 화면이 가득 찰 정도로 크게 키워준다.

형태 클립 위로 텍스트가 보이도록 우측 하단의 텍스트 클립과 형태 클립의 순서를 바꿔주도록
하자.

미리 보기 화면 밑에 있는 컬러 및 효과 탭으로 이동한 후, 열쇠 모양의 크로마키 효과를 선택한
다. 여러 가지 크로마키 효과 중에서 가장 처음에 있는 Green Screen Key를 터치하자.

Green Screen Key를 터치하면 위 사진과 같이 배경이 비치는 텍스트가 완성된 것을 확인할 수 있다. 만약 텍스트의 초록색 색상이 잘 빠지지 않았거나 깔끔하지 못하다면 우측 설정 값을 조절하여 초록색 색상을 깔끔하게 제거해주도록 하자.

여기까지 진행했다면 멋지게 완성된 배경이 비치는 자막 효과를 확인할 수 있다.

2. 다중 윤곽선 자막 효과

자막 디자인에서 가장 많이 사용하는 기능은 바로 윤곽선 기능이다. 윤곽선 기능 하나만 잘 이용해도 자막을 더욱 멋지고 개성 있게 만들 수 있다. 그러나 조금 더 세련되고 고급스러운 자막을 만들고 싶다면 윤곽선 하나로는 부족하며 2겹, 3겹의 윤곽선을 사용해야 한다. 하지만 루마퓨전에는 최대 1개의 윤곽선 효과만 추가할 수 있도록 되어 있다.

그렇다면 우리는 고급스러운 자막 디자인을 포기해야 하는가? 아니다. 우리는 조금 다른 방법을 사용해서 2개, 3개의 윤곽선을 추가할 수 있다. 어떤 방법으로 여러 개의 윤곽선을 추가할 수 있는지 지금부터 함께 알아보자.

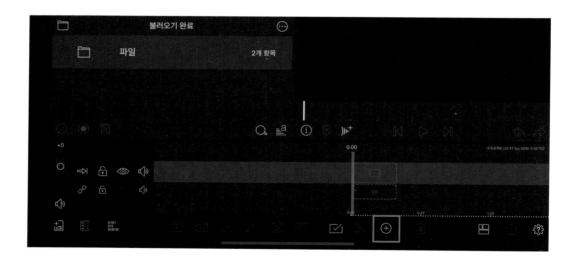

먼저 프로젝트를 생성한다. 프로젝트 생성 방법은 첫 예제에서 다루었기 때문에 이후 예제에서는 다루지 않도록 하겠다. 혹시 프로젝트 생성하는 방법을 다시 보고 싶다면 첫 번째 배경이 비치는 자막 예제를 확인해보자. 프로젝트를 생성했다면 하단의 클립 추가 버튼을 터치하자.

클립 추가 버튼을 터치하면 현재 추가 가능한 여러 종류의 클립을 확인할 수 있다. 여기서 우리
는 메인 타이틀을 선택한다.

메인 트랙에 메인 타이틀이 추가된 것을 확인할 수 있다. 추가된 메인 타이틀 클립을 터치하여
선택하고 연필 모양의 클립 편집 버튼을 터치하여 클립 편집 화면으로 이동하자.

위 사진과 같은 타이틀 편집 화면에서 [여기에 텍스트 입력]이라고 되어 있는 부분을 2번 터치하면 원하는 텍스트로 수정이 가능하다.

텍스트 수정을 완료했다면 우측 하단의 기능을 이용해 폰트와 크기를 원하는 대로 수정해보자.

폰트와 크기를 수정했다면, 이제 첫 번째 윤곽선을 넣어보자. 우측 하단의 여러 기능 중 모서리 색상이라는 기능이 있다. 이것은 바로 윤곽선을 넣을 수 있는 기능이다.

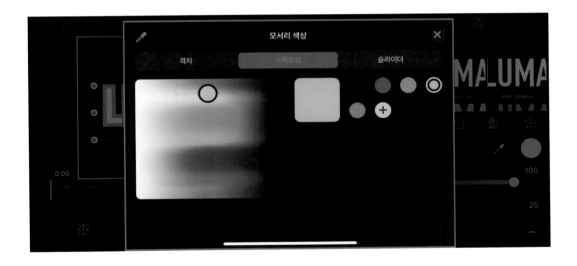

먼저 윤곽선의 색상을 원하는 색상으로 지정해준다.

색상을 변경했으면 하단의 폭 수치 조정을 통해 윤곽선의 폭을 원하는 크기로 조절한다.

여기까지 완료했다면 첫 번째 윤곽선이 들어간 텍스트를 확인할 수 있다. 이제 좌측 화살표를 눌러 다시 타임라인으로 돌아가자.

타임라인으로 돌아왔다면 방금 편집한 텍스트 클립을 터치하여 선택한 다음 하단 좌측에 있는 복사하기 버튼을 눌러 텍스트 클립을 그대로 복사해준다.

복사하기 기능을 통해 복사된 텍스트 클립은 1번 트랙에 배치된다. 혹시 자동으로 1번 트랙에 배치되지 않는다면, 클립을 위 사진과 같이 1번 트랙에 배치해주도록 하자 .

복사한 텍스트 클립이 1번 트랙에 위치하게 되었다면 1번 트랙에 있는 복사한 텍스트 클립이 아닌 메인 트랙에 위치한 원본 텍스트 클립을 다시 터치하여 선택한 후 클립 편집 화면으로 이동한다.

다시 한 번 윤곽선의 색상을 변경해주자.

색상을 변경할 때는 첫 번째 윤곽선에서 선택했던 색상과의 조합을 생각하여 선택한다.

색상 선택을 완료했다면 하단의 폭 수치를 더 늘려보자. 그러면 위 사진과 같이 두 번째 윤곽선이 모습을 드러내기 시작한다. 이런 방법으로 두 번째 윤곽선을 추가할 수 있다.

만약 윤곽선을 더 추가하고 싶다면, 클립을 복사하고 윤곽선을 추가해주는 일련의 과정을 한 번더 반복해주기만 하면 된다.

여기까지 진행했다면 멋지게 완성된 다중 윤곽선 자막 효과를 확인할 수 있다.

3. 그러데이션 자막 효과

자막의 색상을 결정할 때는 보통 단색을 많이 사용하지만, 조금 더 세련되고 고급스러운 자막을 만들기 위해서는 그러데이션이 색상이 필요한 경우가 있다. 하지만 루마퓨전에는 최대 1개의 텍스트 색상만 선택할 수 있다.

그렇다면 우리는 그러데이션 자막을 포기해야 하는가? 아니다. 우리는 조금 다른 방법을 사용해서 그러데이션 색상을 추가할 수 있다. 어떤 방법으로 그러데이션 색상을 추가할 수 있는지 지금부터 함께 알아보자.

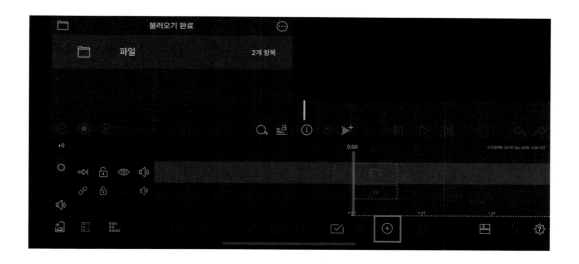

먼저 프로젝트를 생성한 후 하단의 클립 추가 버튼을 터치하자.

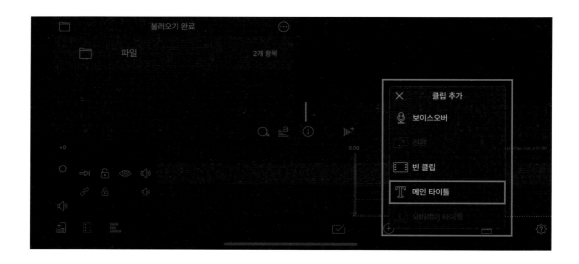

클립 추가 버튼을 터치하면 현재 추가 가능한 여러 종류의 클립을 확인할 수 있다. 여기서 우리
는 메인 타이틀을 선택한다.

메인 트랙에 메인 타이틀이 추가된 것을 확인할 수 있다. 추가된 메인 타이틀 클립을 터치하여
선택하고 연필 모양의 클립 편집 버튼을 터치하여 클립 편집 화면으로 이동하자.

위 사진과 같은 타이틀 편집 화면에서 [여기에 텍스트 입력]이라고 되어 있는 부분을 2번 터치하면 원하는 텍스트로 수정이 가능하다.

텍스트 수정을 완료했다면 우측 하단의 기능을 이용해 폰트와 크기를 원하는 대로 수정해보자.

폰트와 크기를 수정했다면, 이제 그러데이션 효과를 적용할 첫 번째 색상을 넣어보자. 우측 하단의 여러 기능 중 얼굴 컬러라는 기능 이용해 텍스트의 색상을 변경할 수 있다.

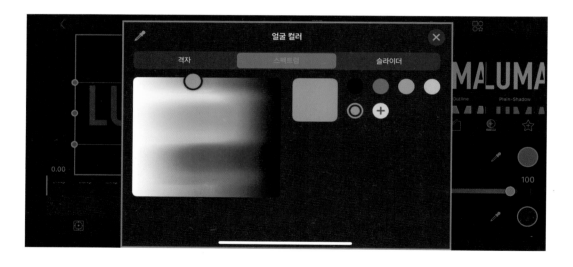

필자는 첫 번째 색상으로 눈에 띄는 파스텔 톤의 빨간색을 선택해보겠다.

색상 선택을 완료했다면 좌측 상단의 나가기 버튼을 통해 타임라인으로 이동한다.

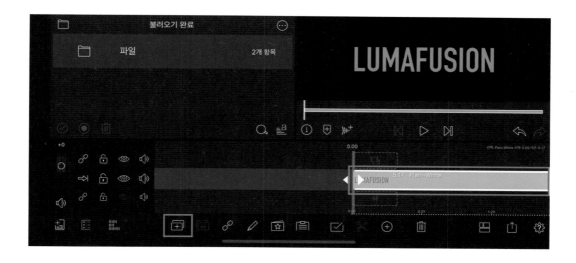

타임라인으로 돌아왔다면 방금 편집한 텍스트 클립을 터치하여 선택한 다음 하단 좌측에 복사
하기 버튼을 통해 텍스트 클립을 그대로 복사해준다.

복사하기 기능을 통해 복사된 텍스트 클립은 1번 트랙에 배치된다. 혹시 자동으로 1번 트랙에 배치되지 않는다면, 클립을 위 사진과 같이 1번 트랙에 배치해주도록 하자. 복사한 텍스트 클립이 1번 트랙에 위치하게 되었다면 1번 트랙에 있는 복사한 텍스트 클립을 터치하여 선택한 후 클립 편집 화면으로 이동한다.

그러데이션 효과를 적용할 두 번째 색상을 넣어보자. 우측 하단의 여러 기능 중 얼굴 컬러라는 기능을 이용해 텍스트의 색상을 변경할 수 있다.

여기까지 진행했다면 멋지게 완성된 그러데이션 자막 효과를 확인할 수 있다.

4. 반사되는 자막 효과

다양한 자막 효과를 만들 수 있다면 영상의 오프닝, 앤딩 등에 활용하여 더 세련된 영상을 만들어낼 수 있다. 이번에는 오프닝에 많이 사용되는 반사되는 자막 효과에 대해 알아보자.

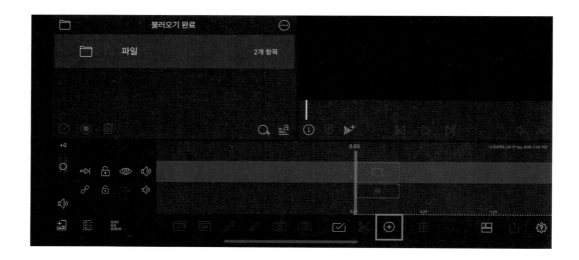

먼저 프로젝트를 생성한 후 하단의 클립 추가 버튼을 터치하자.

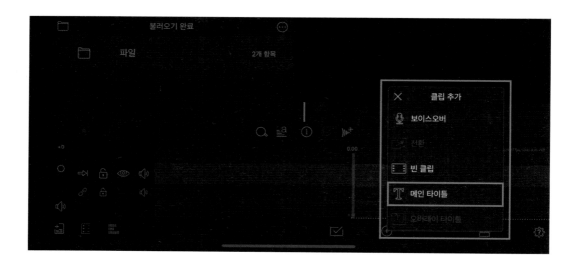

클립 추가 버튼을 터치하면 나오는 메뉴에서 메인 타이틀을 선택한다.

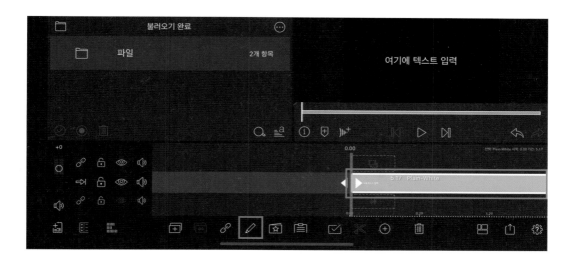

메인 트랙에 메인 타이틀이 추가된 것을 확인할 수 있다. 추가된 메인 타이틀 클립을 터치하여 선택하고 연필 모양의 클립 편집 버튼을 터치하여 클립 편집 화면으로 이동하자.

위 사진과 같은 타이틀 편집 화면에서 [여기에 텍스트 입력]이라고 되어 있는 부분을 2번 터치하면 원하는 텍스트로 수정이 가능하다.

텍스트 수정을 완료했다면 우측 하단의 기능을 이용해 폰트와 크기를 원하는 대로 수정해보자.

폰트와 크기를 수정했다면, 좌측 상단의 뒤로 가기 버튼을 터치해 타임라인으로 이동한다.

타임라인으로 돌아왔다면 방금 편집한 텍스트 클립을 터치하여 선택한 다음 하단 좌측에 있는
복사하기 버튼을 눌러 텍스트 클립을 그대로 복사해준다.

복사하기 기능을 통해 복사된 텍스트 클립은 1번 트랙에 배치된다. 혹시 자동으로 1번 트랙에
배치되지 않는다면, 클립을 위 사진과 같이 1번 트랙에 배치해주도록 하자. 복사한 텍스트 클립
이 1번 트랙에 위치하게 되었다면 1번 트랙에 있는 복사한 텍스트 클립을 터치하여 선택한 후
클립 편집 화면으로 이동한다.

프레임 및 맞춤 탭으로 이동한 후 미리 보기 화면의 꼭짓점을 이용해 텍스트의 크기를 조절해줄 수 있다. 위 사진에서 표시되어 있는 상단 꼭짓점을 터치하여 아래로 쭉 내려준다.

위 사진과 같이 하단으로 계속 내려준다.

계속해서 하단으로 내려 하단 끝 지점을 지나게 되면 위 사진과 같이 상하가 반전된다.

상하가 반전된 텍스트를 원래 크기만큼 만들어준 다음 위치를 이동시켜 위 사진과 같이 기존 텍스트 바로 밑에 위치시키자.

자르는 중 기능으로 이동하자.

상하가 반전되어 있는 상태이기 때문에 상단 잔여물 수치를 조절하여 반전된 텍스트의 상단부를 잘라주도록 하자.

모서리 다듬기 기능을 이용해 가장자리 부분을 부드럽게 만들어준다.

여기까지 진행했다면 멋지게 완성된 반사되는 자막 효과를 확인할 수 있다.

5. 노래방 자막 효과

노래하는 영상을 편집할 때 활용하기가 좋은 노래방 자막 효과를 만드는 방법에 대해 알아보자.

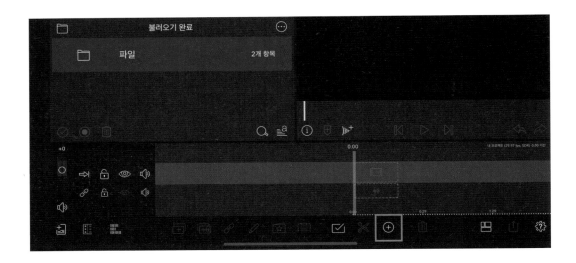

먼저 프로젝트를 생성한 후 하단의 클립 추가 버튼을 터치하자.

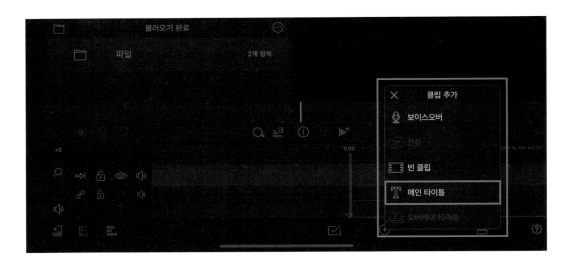

클립 추가 버튼을 터치하면 나오는 메뉴에서 메인 타이틀을 선택한다.

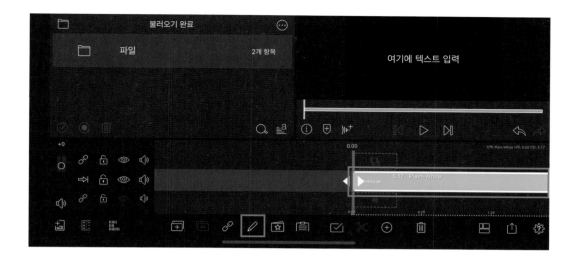

메인 트랙에 메인 타이틀이 추가된 것을 확인할 수 있다. 추가된 메인 타이틀 클립을 터치하여 선택하고 연필 모양의 클립 편집 버튼을 터치하여 클립 편집 화면으로 이동하자.

위 사진과 같은 타이틀 편집 화면에서 [여기에 텍스트 입력]이라고 되어 있는 부분을 2번 터치하면 원하는 텍스트로 수정이 가능하다.

텍스트 수정을 완료했다면 우측 하단의 기능을 이용해 폰트와 크기를 원하는 대로 수정해보자.
필자는 폰트와 크기를 별도로 수정하지 않고 진행하도록 하겠다.

원하는 폰트와 크기로 수정했다면 먼저 얼굴 컬러 기능을 이용해 텍스트의 색상을 변경해주도
록 하자.

노래방에서 봤던 자막을 잘 생각해서 색상을 선택한다. 필자는 파란색을 선택하도록 하겠다.

텍스트의 색상을 선택했다면 모서리 색상 기능을 이용해 윤곽선을 넣어주도록 하자.

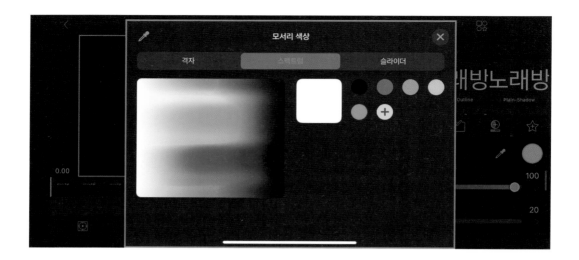

노래방에서 봤던 자막을 잘 생각해서 색상을 선택한다. 필자는 윤곽선 색상을 흰색으로 선택하겠다.

윤곽선까지 완료했다면 좌측 하단의 프레임 및 맞춤 탭으로 이동한다.

프레임 및 맞춤 탭으로 이동했다면 편집한 자막을 진짜 노래방 자막처럼 하단으로 이동시키자. 텍스트 탭에서도 자막을 하단으로 이동시킬 수 있지만, 더 편하게 작업하기 위해서는 프레임 및 맞춤 탭으로 이동한 다음 자막의 위치를 이동시키는 것이 좋다.

자막을 하단으로 위치시켰다면 좌측 상단의 돌아가기 버튼을 통해 타임라인으로 이동한다.

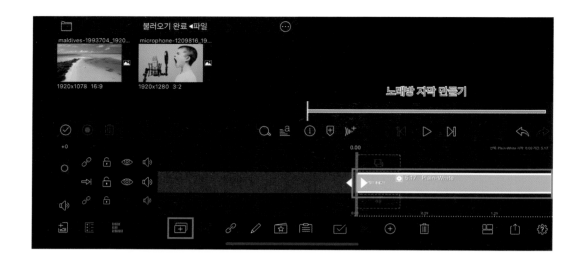

타임라인으로 돌아왔다면 방금 편집한 텍스트 클립을 터치하여 선택한 다음 하단 좌측에 있는 복사하기 버튼으로 텍스트 클립을 그대로 복사해준다.

복사하기 기능을 통해 복사된 텍스트 클립은 1번 트랙에 배치된다. 혹시 자동으로 1번 트랙에 배치되지 않는다면, 클립을 위 사진과 같이 1번 트랙에 배치해주도록 하자. 복사한 텍스트 클립이 1번 트랙에 위치하게 되었다면 1번 트랙에 있는 복사한 텍스트 클립을 터치하여 선택한 후 클립 편집 화면으로 이동한다.

편집 화면으로 들어오면 자막이 중간에 위치한 것처럼 보여 당황할 수 있다. 하지만 보이는 것만 그렇게 보일 뿐 실제로는 하단에 있는 것이기 때문에 여기서 다시 텍스트를 하단으로 이동시키면 절대 안 된다. 보이는 그대로 작업해야 한다. 텍스트의 색상과 윤곽선의 색상을 서로 반대로 바꿔주자.

텍스트의 색상과 윤곽선의 색상을 서로 반대로 바꿨다면, 프레임 및 맞춤 탭으로 이동한다.

프레임 및 맞춤 탭으로 이동하면 위 사진과 같이 자막이 다시 하단에 위치된 것이 보일 것이다. 이제 자르는 중 기능으로 이동한다.

우측 잔여물 수치를 자막이 화면에서 완전히 잘리도록 조절한다.

이 상태에서 좌측 하단의 키 프레임을 추가해주도록 하자.

노래가 진행되는 타이밍에 맞춰 자르는 중 수치를 줄여가며 키 프레임을 추가해준다.

노래가 진행되는 타이밍에 맞춰 끝까지 키 프레임을 추가했다면 좌측 상단의 뒤로 가기 버튼을 터치해 타임라인으로 이동한다.

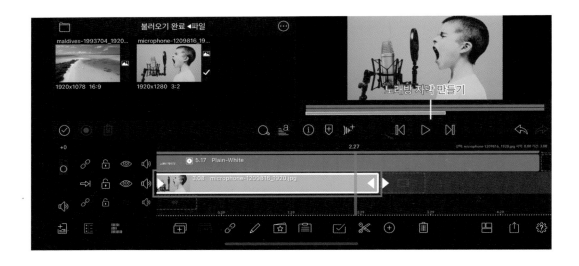

작업했던 두 개의 텍스트 클립을 1번 트랙과 2번 트랙으로 이동시킨 후, 메인 트랙에 노래를 부르는 영상을 추가해주도록 하자.

여기까지 진행했다면 멋지게 완성된 노래방 자막 효과를 확인할 수 있다.

6. 타이핑 자막 효과

타이핑 자막 효과는 우리가 직접 타자를 치는 것처럼 자막이 자음과 모음별로 하나하나 타이핑 되면서 나오는 효과이다. 지금부터 타이핑 자막 효과를 만드는 방법에 대해 알아보자.

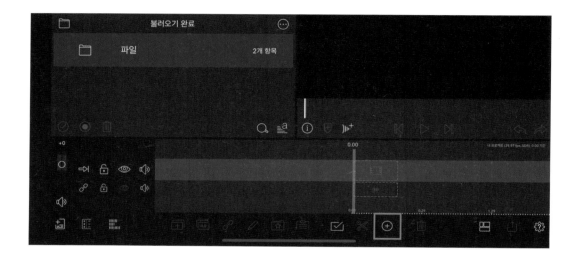

먼저 프로젝트를 생성한 후 하단의 클립 추가 버튼을 터치하자.

클립 추가 버튼을 터치하면 나오는 메뉴에서 메인 타이틀을 선택한다.

메인 트랙에 메인 타이틀이 추가되면 3프레임 정도만 이동한 후 분할 버튼을 터치해 텍스트 클립을 잘라주도록 하자.

텍스트 클립을 분할했다면 3프레임의 텍스트 클립만 남기고 잘라준 클립의 뒷부분은 삭제한다.

남은 3프레임의 텍스트 클립을 선택한 후 연필 모양의 클립 편집 버튼을 터치해 클립 편집 화면으로 이동한다.

위 사진과 같은 타이틀 편집 화면에서 [여기에 텍스트 입력]이라고 되어 있는 부분을 2번 터치하면 원하는 텍스트로 수정이 가능하다. 여기서 텍스트를 수정할 때 자신이 작성하려는 텍스트의 첫 자음 한 글자만 작성해주도록 하자. 예를 들어 작성하려는 텍스트가 "루마퓨전 타이핑 자막 효과" 라고 한다면 "ㄹ" 만 작성해준다는 뜻이다.

앞에서 말한 대로 텍스트를 수정했다면 좌측 상단의 돌아가기 버튼을 통해 타임라인으로 이동한다.

타임라인으로 돌아왔다면 방금 편집한 텍스트 클립을 터치하여 선택한 다음 하단 좌측에 있는 복사하기 버튼을 눌러 텍스트 클립을 그대로 복사해준다.

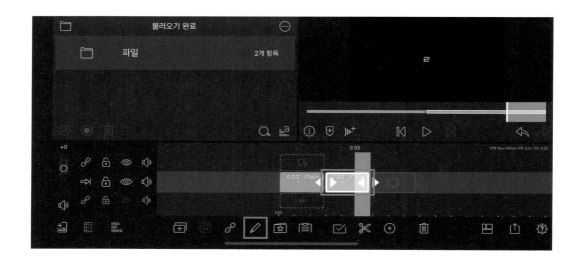

복사하기 기능을 통해 복사된 텍스트 클립은 일반적으로 1번 트랙에 배치된다. 하지만 여기서는 복사된 클립을 1번 트랙이 아닌 메인 트랙의 원본 텍스트 클립 뒤로 이동시킨다. 그리고 이동시킨 복사된 텍스트 클립을 선택한 후 클립 편집 버튼을 터치하여 편집 화면으로 이동한다.

텍스트 부분을 2번 터치하여 텍스트를 수정해준다. 이번에는 자신이 작성하려는 텍스트의 첫 자음과 모음만 작성해주도록 하자. 예를 들어 작성하려는 텍스트가 "루마퓨전 타이핑 자막 효과" 라고 한다면, 아까 전에는 "ㄹ" 만 작성했으니 이번에는 "루" 를 작성해준다는 뜻이다.

앞에서 말한 대로 텍스트를 수정했다면 좌측 상단의 돌아가기 버튼을 통해 타임라인으로 이동한다.

타임라인으로 돌아왔다면 방금 편집한 텍스트 클립을 터치하여 선택한 다음 하단 좌측에 있는 복사하기 버튼을 눌러 텍스트 클립을 그대로 복사해준다.

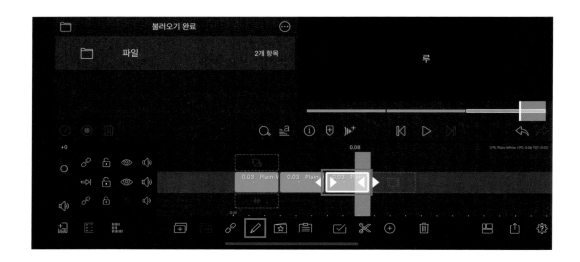

복사하기 기능을 통해 복사된 텍스트 클립을 메인 트랙의 원본 텍스트 클립 뒤로 이동시킨다. 그리고 이동시킨 복사된 텍스트 클립을 선택한 후 클립 편집 버튼을 터치하여 편집 화면으로 이동한다.

텍스트 부분을 2번 터치하여 텍스트를 수정해준다. 아까 전에 "루" 까지 작성했으니 이번에는 "루ㅁ" 까지 작성해준다.

앞에서 말한 대로 텍스트를 수정했다면 좌측 상단의 돌아가기 버튼을 통해 타임라인으로 이동한다.

지금까지의 과정을 자신이 작성하려고 했던 텍스트가 모두 작성될 때까지 계속 반복해준다.

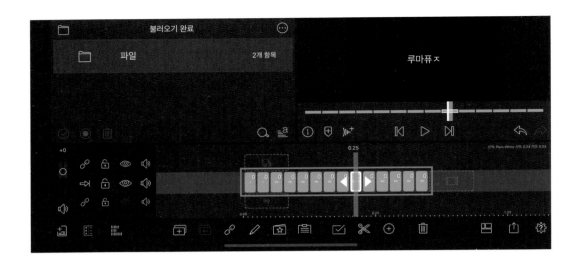

여기까지 진행했다면 멋지게 완성된 타이핑 자막 효과를 확인할 수 있다.

7. 글씨가 울렁이는 자막 효과

유튜브 예능 영상 중에서 가장 많이 쓰이는 자막 효과 중 하나가 바로 울렁이는 자막 효과이다.
지금부터 울렁이는 자막 효과를 만드는 방법에 대해 알아보자.

먼저 프로젝트를 생성한 후 하단의 클립 추가 버튼을 터치하자.

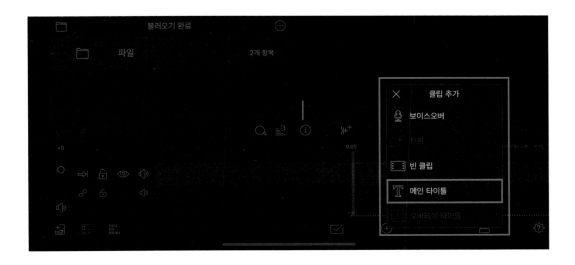

클립 추가 버튼을 터치하면 나오는 메뉴에서 메인 타이틀을 선택한다.

메인 트랙에 메인 타이틀이 추가된 것을 확인할 수 있다. 추가된 메인 타이틀 클립을 터치하여 선택하고 연필 모양의 클립 편집 버튼을 터치하여 클립 편집 화면으로 이동하자.

위 사진과 같은 타이틀 편집 화면에서 [여기에 텍스트 입력]이라고 되어 있는 부분을 2번 터치하면 원하는 텍스트로 수정이 가능하다.

텍스트 수정을 완료했다면 우측 하단의 기능을 이용해 폰트와 크기를 원하는 대로 수정해보자. 필자는 폰트와 크기를 별도로 수정하지 않고 진행하도록 하겠다.

하단의 컬러 및 효과 탭으로 이동하여 왜곡 기능에 들어가도록 하자.

왜곡 기능 내에 많은 효과들 속에서 왜곡 효과를 터치하여 추가하도록 하자.

왜곡 효과는 글씨가 울렁일 수 있도록 해주는 기능이다. 우측 하단의 수치들을 적절하게 조절하여 보기 좋게 만들어준다.

이 상태에서 키 프레임 기능을 추가해준다.

영상에서 끝까지 이동하여 텍스트가 잘 울렁거릴 수 있도록 수치를 적절하게 조절해준다.

중간 중간에 울렁이는 움직임을 보며 키 프레임을 추가해주면 조금 더 원하는 대로 움직임을 제어할 수 있다.

여기까지 진행했다면 멋지게 완성된 울렁이는 자막 효과를 확인할 수 있다.

8. 글리치 자막 효과

글리치 자막 효과는 인트로, 아웃트로, 영상 중간, 트랜지션 등 굉장히 다양하게 사용 가능한 자막 효과이다. 크게 어려운 과정은 아니니 집중해서 잘 따라와주길 바란다.

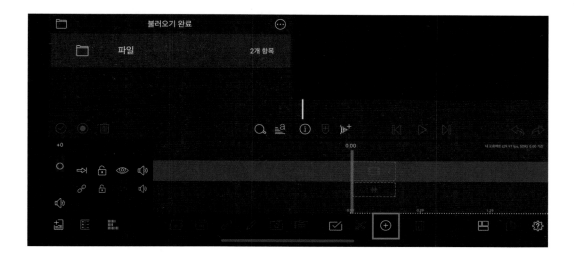

먼저 프로젝트를 생성한 후 하단의 클립 추가 버튼을 터치하자.

클립 추가 버튼을 터치하면 나오는 메뉴에서 메인 타이틀을 선택한다.

메인 트랙에 메인 타이틀이 추가된 것을 확인할 수 있다. 추가된 메인 타이틀 클립을 터치하여 선택하고 연필 모양의 클립 편집 버튼을 터치하여 클립 편집 화면으로 이동하자.

위 사진과 같은 타이틀 편집 화면에서 [여기에 텍스트 입력]이라고 되어 있는 부분을 2번 터치 하면 원하는 텍스트로 수정이 가능하다.

텍스트 수정을 완료했다면 우측 하단의 기능을 이용해 폰트와 크기를 원하는 대로 수정해보자.

폰트와 크기를 원하는 대로 수정했다면 좌측 상단의 돌아가기 버튼을 통해 타임라인으로 이동한다.

타임라인으로 돌아왔다면 방금 편집한 텍스트 클립을 터치하여 선택한 다음 하단 좌측에 있는 복사하기 버튼을 통해 텍스트 클립을 그대로 복사해준다.

복사하기 기능을 통해 복사된 텍스트 클립은 1번 트랙에 배치된다. 혹시 자동으로 1번 트랙에 배치되지 않는다면, 클립을 위 사진과 같이 1번 트랙에 배치해주도록 하자. 복사한 텍스트 클립을 터치하여 선택한 상태에서 한 번 더 복사해준다.

메인 트랙의 원본 텍스트 클립과 1번, 2번 트랙의 복사된 텍스트 클립이 나란히 정렬되도록 만들어준다.

메인 트랙에 있는 원본 텍스트 클립을 터치하여 선택한 후 연필 모양의 클립 편집 버튼을 통해 편집 화면으로 이동한다.

먼저 얼굴 컬러 기능을 이용해 텍스트의 색상을 변경해준다.

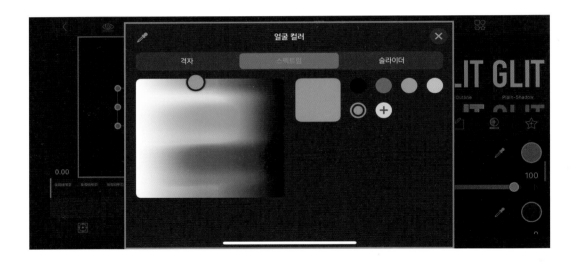

글리치 효과와 가장 잘 어울리는 색상 2가지 중 하나인 빨간색을 선택해준다.

색상을 변경했지만 적용되지 않은 것처럼 흰색의 텍스트가 보일 것이다. 이미 적용되었지만 흰색의 텍스트 밑에 깔려 있는 상태이니 그대로 진행하면 된다. 우측 하단의 기능을 이용해 색상을 변경한 빨간색 텍스트를 조금씩 보이도록 이동시켜주도록 하자.

빨간색 그림자가 우측 하단 방향으로 살짝 보인다는 느낌이 들 정도로만 이동시키면 된다. 잘 모르겠다면 위 사진을 참고하여 이동시키도록 하자. 텍스트 이동이 완료되었다면 좌측 상단의 돌아가기 버튼을 통해 타임라인으로 이동한다.

다음으로 1번 트랙에 있는 텍스트 클립을 터치하여 선택한 다음 편집 화면으로 이동하자.

얼굴 컬러 기능을 이용해 텍스트의 색상을 변경해준다.

글리치 효과와 가장 잘 어울리는 색상 2가지 중 남은 하나인 파란색을 선택해준다.

우측 하단의 기능을 이용해 색상을 변경한 파란색 텍스트를 조금씩 보이게 이동시켜주도록 하자.

파란색 그림자가 좌측 상단 방향으로 살짝 보인다는 느낌이 들 정도로만 이동시키면 된다. 잘 모르겠다면 위 사진을 참고하여 이동시키도록 하자.

컬러 및 효과 탭으로 이동하여 왜곡 기능을 선택한다.

왜곡 기능 중 옵 아트 효과를 선택하여 수치를 조절해준다.

이 상태에서 키 프레임을 추가해준다.

프레임을 한 프레임씩 이동시키면서 키 프레임을 추가해준다. 글씨가 다양한 크기와 방향으로 왜곡될 수 있도록 수치를 조절해준다.

여기서 중요한 것은 반드시 한 프레임씩 이동시켜야 한다는 것이다. 조금 힘들더라도 한 프레임 한 프레임 정성을 들여 작업해주도록 하자.

이렇게 영상에서 끝까지 키 프레임을 추가해주도록 하자.

키 프레임 작업이 완료되었다면 우측 하단의 클립보드 버튼을 터치해준다.

복사하기 버튼을 터치하여 지금까지 추가한 키 프레임 및 왜곡 효과들을 모두 복사해준다. 복사를 완료했다면 좌측 상단의 돌아가기 버튼을 통해 타임라인으로 이동한다.

타임라인에서 메인 트랙에 있는 빨간색으로 편집했던 텍스트 클립을 터치하여 선택한 다음 편집 화면으로 이동한다.

컬러 및 효과 탭으로 이동한 후 클립보드 버튼을 터치한다.

붙여 넣기 버튼을 터치하여 아까 복사했던 모든 효과를 해당 클립에 붙여 넣자. 여기서 유의할 점은 붙여 넣기 버튼 위에 파란색으로 활성화되어 있는 버튼들이 있는데, 절대 임의로 만지지 말고 그대로 붙여 넣어야 한다.

붙여 넣기를 완료하면 우측에 옵 아트 효과가 추가된 것을 확인할 수 있다. 붙여 넣기를 완료했다면 좌측 상단의 돌아가기 버튼을 통해 타임라인으로 이동하자.

이번에는 가장 위 트랙인 2번 트랙에 있는 편집하지 않은 흰색 텍스트 클립을 선택하여 편집 화면으로 이동한다.

컬러 및 효과 탭으로 이동한 후 클립보드 버튼을 터치한다.

붙여 넣기 버튼을 터치하여 아까 복사했던 모든 효과를 해당 클립에 붙여 넣자.

붙여 넣기를 완료하면 우측에 옵 아트 효과가 추가된 것을 확인할 수 있다.

여기까지 진행했다면 멋지게 완성된 글리치 자막 효과를 확인할 수 있다.

CHAPTER 02

실전 편집 스킬 : VLOG 영상 꾸미기

TIP

영상 관련 업종에 종사하는 사람이 아닌 일반인이 만드는 영상 중의 90% 이상은 VLOG 영상이라고 해도 과언이 아닐 정도로 많은 사람들이 VLOG 영상을 만들고 있다. 아마 이 책을 보고 있는 대부분의 독자들 또한 VLOG 영상을 만들기 위해 이 책을 구입하셨을 거라 생각한다. 그만큼 VLOG 영상은 많은 사람들에게 대중화된 영상이다. 이번 파트에서는 VLOG에서 사용하기 좋은 편집 스킬에 대해 알아보도록 하자.

1. 로딩 중 효과

우리가 자주 보는 유튜브에서 심지어 TV예능 및 CF에서도 로딩 중 효과는 굉장히 많이 사용되는 효과 중 하나이다. 이 로딩 중 효과를 만드는 방법을 습득한다면, 꼭 "로딩 중"이라는 틀을 벗어나 다양한 응용이 가능하다. 예를 들어, 예능에서 많이 나오는 분노 게이지가 차오르는 효과나 배터리가 방전되는 효과 등을 이 로딩 중 효과를 응용하여 만들 수 있다. 지금부터 로딩 중 효과는 어떻게 만들어지는지 함께 알아보자.

영상을 편집하기 위해 가장 먼저 해야 할 작업은 바로 프로젝트를 생성하는 것이다. 프로젝트를 생성하는 방법은 영상 편집의 가장 기초이므로 이 책을 학습하시는 분들은 모두 알고 있을 것이라 생각한다. 따라서 프로젝트 생성 방법은 첫 예제인 해당 예제에서만 다룰 것이며, 이후 예제부터는 다루지 않을 예정이다.

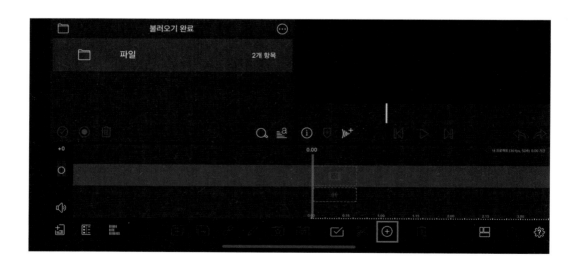

먼저 프로젝트를 생성한 후 하단의 클립 추가 버튼을 터치하자.

클립 추가 버튼을 터치하면 현재 추가 가능한 여러 종류의 클립을 확인할 수 있다. 여기서 우리는 메인 타이틀을 선택한다.

메인 트랙에 메인 타이틀이 추가된 것을 확인할 수 있다. 추가된 메인 타이틀 클립을 터치하여 선택하고 연필 모양의 클립 편집 버튼을 터치하여 클립 편집 화면으로 이동하자.

위 사진과 같은 타이틀 편집 화면에서 [여기에 텍스트 입력]이라고 되어 있는 부분을 2번 터치하면 원하는 텍스트로 수정이 가능하다.

텍스트 수정을 완료했다면 우측 하단의 기능을 이용해 폰트와 크기를 원하는 대로 수정해보자. 필자는 폰트와 크기를 별도로 수정하지 않고 진행하도록 하겠다.

폰트와 크기를 수정했다면 우측의 클립 추가 버튼을 터치한다.

클립 추가 버튼을 터치하면 추가할 수 있는 다양한 클립 종류가 나온다. 여기서 [형태]를 터치해 형태 클립을 추가하자.

사각형의 형태 클립이 추가된 것을 볼 수 있다.

위 사진과 같이 사각형의 형태 클립의 모양을 긴 막대처럼 만들어준다. 여기까지 완료했다면 뒤로 가기 버튼을 터치해 메인 화면으로 돌아간다.

지금까지 작업한 메인 타이틀 클립이 선택된 상태에서 복사하기 버튼을 터치해준다.

그러면 동일한 텍스트 클립이 1번 트랙에 복사된 것을 볼 수 있다.

복사된 텍스트 클립이 선택된 상태에서 연필 모양의 버튼을 터치해 편집 화면으로 이동하자.

편집 화면으로 들어왔다면, 우측의 형태 클립을 터치하자.

형태 클립의 색상을 원하는 색상으로 바꿔준다.

필자는 주황색으로 변경해주도록 하겠다.

색상을 변경했다면 위 사진과 같이 긴 막대 모양의 형태만 색상이 변한 것을 확인할 수 있다.

여기까지 완료했다면 하단의 프레임 및 맞춤 탭으로 이동한다.

프레임 및 맞춤의 여러 가지 기능 중 자르는 중 기능을 터치하자.

화면의 우측 부분을 긴 막대 모양 형태의 좌측 끝부분까지 잘라주도록 하자. 이렇게 자르면 주황색으로 변경한 막대가 잘리면서 처음 만들었던 흰색 모양의 막대가 다시 나타난다.

이 상태에서 좌측 하단의 키 프레임 추가 버튼을 터치해 키 프레임을 추가해준다.

로딩이 다 되었으면 하는 구간까지 영상을 이동시켜주자.

그 상태에서 아까 자르는 중 기능을 통해 잘라주었던 영상의 우측 부분을 다시 원상태로 복구해 준다. 그러면 키 프레임이 또 하나 추가된 것을 볼 수 있다.

여기까지 진행했다면 점점 로딩 게이지가 차오르는 로딩 중 효과가 완성된 것을 확인할 수 있다.

2. 화면 분할 효과

화면 분할 효과는 한 화면에 2개 이상의 영상이 분할되어 나오는 효과이다. 예능, 드라마, 영화 등 여러 영상에서 다양하게 사용되는 효과이기도 하다. VLOG에서 화면 분할 효과를 응용하면 기존에 볼 수 없었던 감성적인 영상미를 만들어낼 수 있다. 지금부터 화면 분할 효과를 만드는 방법에 대해 알아보자.

먼저 분할하고자 하는 영상을 타임라인에 불러온다. 앞서 설명했듯이 화면 분할 효과는 한 화면에 2개 이상의 영상이 분할되어 나오는 것이기 때문에, 최소 2개 이상의 영상을 타임라인에 불러오도록 하자. 이번 예제에서는 화면을 반으로 나눠 좌측과 우측에 다른 영상이 나오도록 해볼 예정이기 때문에 2개의 영상을 불러오도록 하자.

2개의 영상을 타임라인으로 불러왔다면, 두 개의 영상을 상하로 대칭되도록 배치하자.

먼저 1번 트랙에 추가된 영상이 선택된 상태에서 연필 모양을 눌러 편집 화면으로 이동한다.

편집 화면으로 이동했다면 프레임 및 맞춤 탭으로 이동한다.

영상에서 보여주고자 하는 부분이 영상을 반으로 나눈 좌측 부분에서 잘 보이도록 이동시켜 준다.

영상 이동을 완료했다면 자르는 중 기능으로 이동하여 해당 영상이 좌측 반 정도만 보이도록 남은 부분을 잘라주도록 하자.

여기까지 완료했다면 좌측 상단의 뒤로 가기 버튼을 눌러 메인 화면으로 이동한다.

메인 트랙에 있는 영상 클립을 선택한 후 편집 화면으로 이동한다.

영상에서 보여주고자 하는 부분이 영상을 반으로 나눈 우측 부분에서 잘 보이도록 이동시켜
준다.

미리 보기 화면 드래그를 통해 진행할 수도 있고 우측의 포지션 X 수치를 조절하면 더 정교하게 이동이 가능하다.

여기까지 진행했다면 2개로 분할된 화면을 확인할 수 있다.

만약 분할된 화면을 더 확실하게 구분하고 싶다면, 화면이 나누어진 부분에 선을 추가하여 더 멋진 효과를 만들어낼 수 있다.

하단의 클립 추가 버튼을 터치한다.

오버레이 타이틀을 터치한다.

추가된 텍스트 클립을 선택한 후 편집 화면으로 이동한다.

추가되어 있는 텍스트 레이어는 삭제해주도록 한다.

레이어 추가 버튼을 터치하자.

형태 레이어를 추가해준다.

사각형 모양의 형태 레이어가 추가된 것을 확인할 수 있다.

얼굴 컬러 버튼을 터치해 형태 레이어의 색상을 변경해주자.

원하는 색상을 선택하면 되지만, 어떤 색을 선택해야 할지 모르겠다면 검은색을 선택해준다.

사각형 모양의 형태 레이어가 검은색으로 변경된 것을 확인할 수 있다.

형태 레이어의 크기를 줄여 영상이 분할된 곳에 배치한다.

여기까지 완료했다면 확실하게 구분된 화면 분할 효과를 확인할 수 있다.

만약 2개의 화면이 아니라 더 많은 화면 분할을 진행하고 싶다면 같은 과정을 한 번 더 반복해주자. 원하는 만큼 화면을 분할할 수 있다.

3. 나 빼고 모두 모자이크

VLOG 영상을 촬영하다 보면 야외, 식당 등지에서 촬영하는 경우가 아주 많다. 집 혹은 스튜디오가 아닌 야외에서 촬영할 때는 필연적으로 나 외의 다른 것이 함께 촬영될 수밖에 없다. 그중에서도 특히 지나가는 사람, 식당 종업원, 지나가는 자동차, 주차된 자동차 등 타인을 식별할 수 있는 정보가 포함된 영상을 업로드할 경우 법적으로 책임져야 하는 상황이 생길 수 있다. 이렇게 타인의 정보가 촬영되었을 때는 모자이크를 해서 해당 정보를 식별할 수 없도록 해야 한다.

우리는 해당 책의 전편인 〈처음 만나는 루마퓨전〉에서 기본적인 모자이크를 하는 방법에 대해 배웠다. 만약 자신이 촬영한 영상에 타인의 얼굴이 찍혔다고 가정했을 때 타인이 한 명일 경우에는 전편에서 배운 일반적인 모자이크를 통해 조치할 수 있다. 하지만 해당 영상에 타인이 한 명이 아닌, 한 명 한 명 모자이크를 하기에 무리인 많은 인원이 찍혀 있다면 어떻게 해야 할까? 그럴 때는 나를 제외한 모든 여백 부분에 모자이크를 처리하는 방법으로 조치가 쉽게 가능하다.

지금부터 모자이크 효과는 어떻게 만들어지는지 함께 알아보자.

먼저 복습의 의미로 기본적인 모자이크 방법을 다시 한 번 배워본 후, 나 빼고 모두 모자이크하는 방법에 대해 알아보도록 하겠다. 프로젝트를 생성한 후 편집할 영상을 타임라인으로 불러온다.

불러온 영상 클립이 선택된 상태에서 복사하기 버튼을 터치하자.

복사된 영상 클립을 1번 트랙으로 올린 뒤 메인 트랙과 완전히 겹치도록 배치한다.

복사한 1번 트랙의 영상 클립이 선택된 상태에서 연필 모양 버튼을 눌러 편집 화면으로 이동한다.

컬러 및 효과 탭으로 이동한다. 모자이크를 할 때는 일반적으로 2가지 효과를 사용한다. 첫 번째는 화면을 흐리게 하는 "가우시안 블러" 효과, 두 번째는 화면을 여러분들이 흔히 알고 있는 진짜 "모자이크" 효과이다.

만약 화면을 흐리게 하는 "가우시안 블러" 효과를 추가하고 싶다면 우측 상단의 블러 효과 부분을 터치해서 확인할 수 있다.

필자는 모자이크 효과를 추가하도록 하겠다. 우측 상단의 왜곡 효과 부분을 터치해서 모자이크 효과를 찾은 다음 터치해서 추가하도록 하자.

미리 보기 화면에 모자이크 효과가 추가된 것을 확인할 수 있다.

우측 하단의 수치들을 조절해 적정한 모자이크 효과를 만들어준다.

여기까지 완료했다면 프레임 및 맞춤 탭으로 이동한다.

자르는 중 기능을 이용해 자신이 모자이크하고자 하는 부분만 남기고 잘라주도록 하자.

여기까지가 기본적인 모자이크를 하는 방법이다. 이제 나를 제외한 모든 부분을 모자이크하는 방법에 대해 알아보자.

방금 전에는 자신이 모자이크하고자 하는 부분을 제외하고 모두 잘라주었다면, 이번에는 자신이 모자이크하지 않을 부분 즉, 자신이 나온 부분을 제외하고 모두 잘라주도록 하자.

자르는 중 기능을 아래로 쭉 내려보면 반전이라는 부분이 있다.

반전 기능을 활성화하자.

여기까지 진행했다면 나를 제외한 다른 부분이 모두 모자이크된 것을 확인할 수 있다.

4. 아날로그 필름 효과

VLOG 영상의 가장 큰 단점은, VLOG 자체가 나의 일상을 보여주는 영상이다 보니 한 편 두 편 쌓여가면서 편집하는 횟수가 많아질수록 영상들이 거의 다 비슷한 느낌이다. 특히 VLOG 영상으로 유튜브를 하시는 분이라면 점점 사람들의 반응도 시큰둥해지고 조회 수가 떨어지는 것을 볼 수 있다. 하지만 VLOG특성상 여행을 가는 등의 특별한 일상을 보내지 않으면 영상에 변화를 주는 것이 쉽지 않다.

VLOG 영상에 변화를 줄 거의 유일한 방법이 바로 편집에서 새로운 효과를 주는 것이다. 지금부터 몇 가지 예제는 편집을 통해 새로운 느낌을 낼 수 있는 효과들에 대한 강의를 알려드릴 예정이다. 먼저 배워볼 것은 많은 VLOG 유튜버들이 사용하는 효과 중 하나인 아날로그 필름 효과이다. 아날로그 필름 효과는 옛날 필름으로 촬영하는 듯한 분위기를 내는 것을 말한다.

지금부터 타이핑 자막 효과를 만드는 방법에 대해 알아보자.

먼저 프로젝트를 생성한 후 타임라인에 편집할 영상을 가져오자.

가져온 영상 클립이 선택된 상태에서 편집 화면으로 이동한다.

편집 화면에서 컬러 및 효과 → 컬러 → 원본을 터치한다.

하단의 수치를 조절하여 해당 영상을 옛날 영상처럼 만들어주도록 하자.

먼저 대조 부분의 수치를 낮춰 빛 바랜 느낌을 주도록 하자.

마찬가지로 채도 부분도 낮춰주도록 하자.

마찬가지로 진동 부분의 수치도 낮춰준다.

색감 조절을 완료했다면 효과 탭으로 이동한다.

여러 가지 효과 중 비네트 효과를 추가해준다.

비네트 효과 수치를 적절하게 조절해준다.

오래된 영상의 노이즈를 표현해주기 위해 도트 효과를 추가해준다.

도트 효과는 화면에서 적절한 노이즈를 표현해준다.

효과 수치를 적절하게 조절해준다.

여기까지 진행했다면 적절한 옛날 영상 효과가 추가되었다. 이제 조금 더 아날로그 필름 느낌이
나도록 몇 가지를 더 추가해주도록 하자.

타임라인 화면에서 아래 클립 추가 버튼을 터치하자.

오버레이 타이틀을 터치해서 오버레이 타이틀 클립을 추가해준다.

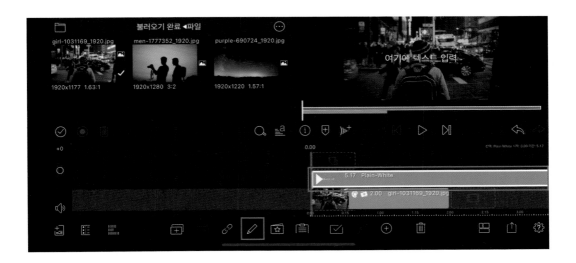

추가된 타이틀 클립을 터치한 상태로 편집 화면으로 이동한다.

자동으로 추가된 텍스트 레이어는 삭제해준다.

레이어 추가 버튼을 터치하자.

형태 레이어 추가 버튼을 터치하여 형태 레이어를 추가하자.

형태 레이어의 색상을 변경해준다.

원하는 색상을 선택해도 상관없지만, 필름 효과를 내기 위해서는 검은색이 적절하다.

사각형을 화면 전체의 크기로 키워준다.

프레임 및 맞춤 탭으로 이동한다.

자르는 중 기능을 터치하자.

자르는 중 기능 하단에 반전 부분을 터치해서 활성화시켜준다.

반전을 활성화하면 위 사진과 같이 아까 작업했던 사진이 보인다.

상하좌우를 조금씩 잘라내주도록 하자.

적절하게 잘라냈다면 자르는 중 기능에서 모서리 다듬기 수치를 조절해준다.

위 사진과 비슷한 정도가 되도록 모서리 다듬기 수치를 조절해준다.

여기까지 완료했다면 아날로그 필름 효과가 완성되었다. 여기까지만 작업해서 사용해도 되지만 만약 조금 아쉽다면, 여기서 몇 가지만 더 추가하여 더욱 완벽한 아날로그 느낌을 낼 수 있다.

타임라인에서 클립 추가 버튼을 터치하자.

오버레이 타이틀을 선택한다.

추가된 오버레이 타이틀 클립을 선택한 상태에서 편집 화면으로 이동한다.

여기서 몇 가지 텍스트를 넣어준다. 원하는 텍스트를 넣어도 되지만, 일반적으로 아날로그 느낌을 많이 내기 위해서는 날짜를 적어주는 것이 좋다.

텍스트를 두 번 터치해서 날짜를 입력해주도록 하자.

날짜 입력을 완료했다면 우측 하단의 기능들을 통해 폰트, 크기 등을 조절해준다.

마지막으로 텍스트의 위치를 우측 하단으로 옮겨주도록 하자.

레이어 복사 버튼을 통해 텍스트 레이어를 복사해주자.

복사한 텍스트 레이어를 터치해 텍스트를 원하는 대로 바꿔주도록 하자.

필자는 FILM이라는 텍스트로 변경해보도록 하겠다.

변경한 텍스트를 좌측 상단으로 이동시킨다.

여기까지 완료했다면 더욱 완벽한 아날로그 필름 효과를 만들 수 있다.

5. 아이폰 촬영 화면 효과

앞서 말했던 VLOG 영상을 조금 더 다채롭게 채울 수 있는 여러 가지 효과 중에서 이번에 배워볼 효과는 아이폰 촬영 화면 효과이다. 지금부터 타이핑 자막 효과를 만드는 방법에 대해 알아보자.

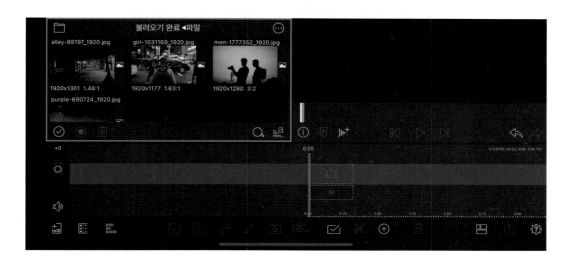

먼저 프로젝트를 생성한 후 편집할 영상을 타임라인에 불러오도록 하자.

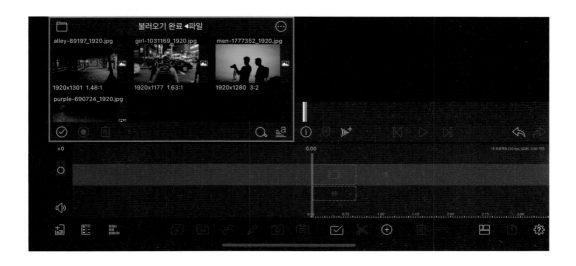

클립 추가 버튼을 터치하자.

오버레이 타이틀을 선택해 타이틀 클립을 추가해준다.

추가한 타이틀 클립이 선택된 상태로 편집 화면으로 이동한다.

자동으로 추가된 텍스트 레이어는 삭제해주도록 하자.

레이어 추가 버튼을 터치하자.

형태 레이어를 터치해 사각형 모양의 형태 레이어를 추가하자.

여기까지 완료하면 사각형으로 형태 레이어가 추가된 모습을 확인할 수 있다.

우측 하단의 얼굴 컬러 부분을 터치해 사각형의 색을 변경해주자.

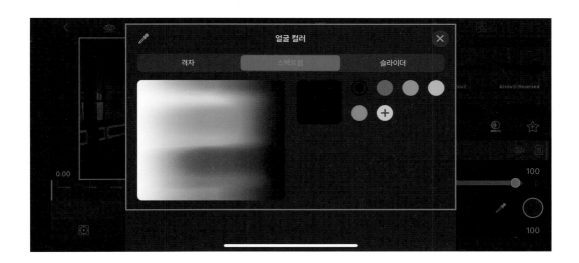

원하는 색으로 변경해도 되지만, 일반적으로 검은색으로 변경하는 것이 가장 보기 좋다.

사각형을 긴 직사각형으로 크기를 변경해주고 우측으로 이동시킨다.

여기까지 완료했다면 프레임 및 맞춤 탭으로 이동한다.

혼합 중 기능을 터치하자.

혼합 중 기능에 있는 투명도 수치를 조절해 사각형 형태를 살짝 투명하게 만들어준다.

위 사진 정도의 투명도가 되도록 수치를 조절해준다.

여기까지 완료했다면 뒤로 가기 버튼을 눌러 타임라인으로 이동한다.

다시 클립 추가 버튼을 터치한다.

마찬가지로 다시 오버레이 타이틀을 추가해준다.

추가한 오버레이 타이틀을 터치한 상태로 편집 화면으로 이동한다.

자동으로 추가되어 있던 텍스트 레이어를 삭제해준다.

레이어 추가 버튼을 터치하자.

형태 레이어를 터치해 사각형의 형태 레이어를 추가해주자.

우측에 형태의 모양을 결정할 수 있는 여러 가지 도형이 나와 있다. 우리는 원형이 필요하기 때문에 원형 모양의 도형을 클릭하자.

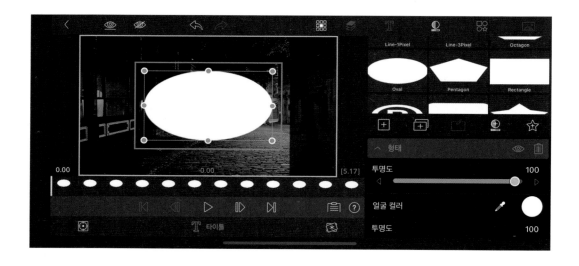

그러면 사각형 모양에서 원형으로 변경된 것을 볼 수 있다.

해당 형태 레이어가 정원이 될 수 있도록 크기를 조절해준다.

우측 하단의 투명도 수치를 0으로 맞춰준다.

투명도 수치를 0으로 만들면 위 사진과 같이 도형이 아예 보이지 않게 된다. 일부러 그렇게 조절한 것이니 걱정할 필요는 없다.

다음으로 모서리 색상 부분의 수치를 조절할 차례이다. 먼저 모서리 색상을 바꿔주자.

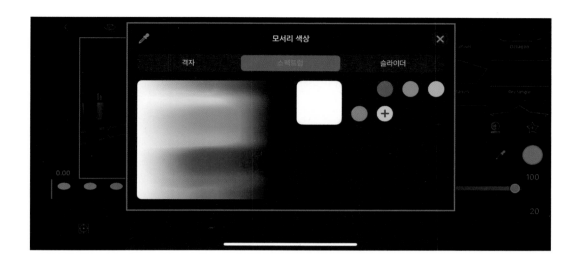

원하는 색상으로 변경해도 되지만, 흰색이 가장 자연스럽다.

모서리 색상 수치를 올려 테두리가 생기도록 만들어준다.

크기를 조절해 아까 만들었던 네모 형태의 레이어 위에 올라가도록 배치해준다.

레이어 추가 버튼을 터치하자.

형태 레이어를 터치해 형태 레이어를 하나 더 추가해준다.

이번에는 모서리가 둥근 사각형이 필요하기 때문에 모서리가 둥근 사각형 도형을 터치해준다.

여기까지 완료하면 모서리가 둥근 사각형이 추가된 것을 볼 수 있다.

얼굴 컬러 부분을 터치해 도형 레이어의 색상을 변경해주도록 하자.

원하는 색상으로 변경해도 되지만, 빨간색 계열을 선택하는 게 가장 자연스럽다.

크기를 조절해 아까 만들었던 원형 레이어 안에 들어가도록 배치하자.

여기까지 완료했다면 멋지게 완성된 아이폰 촬영 화면 효과를 볼 수 있다.

6. 카메라 촬영 화면 효과

앞서 말했던 VLOG 영상을 조금 더 다채롭게 채울 수 있는 여러 가지 효과 중에서 이번에 배워볼 효과는 카메라 촬영 화면 효과이다. 지금부터 타이핑 자막 효과를 만드는 방법에 대해 알아보자.

먼저 프로젝트를 생성한 후 편집할 영상을 타임라인으로 불러오자.

하단의 클립 추가 버튼을 터치한다.

오버레이 타이틀을 선택해 오버레이 타이틀 클립을 추가한다.

추가된 오버레이 타이틀을 선택하고 편집 화면으로 이동한다.

자동으로 추가된 텍스트 레이어는 삭제해주자.

레이어 추가 버튼을 터치하자.

형태 레이어 추가 버튼을 터치한다.

여기까지 완료했으면 사각형의 형태 레이어가 추가된 것을 볼 수 있다.

형태 레이어의 크기를 위 사진과 같이 아주 작은 막대 형태로 만든 다음 좌측 상단으로 이동시킨다.

레이어 복사 버튼을 터치해 형태 레이어를 복사해준다.

복사된 형태 레이어를 선택한다. 같은 모양으로 형태 레이어가 복사되었기 때문에 구분이 어렵다면, 두 레이어 중 아래에 있는 레이어가 새롭게 복사된 레이어라 생각하면 된다.

회전 기능을 통해 기존 형태 레이어와 직각이 되도록 회전시켜준다.

위 사진처럼 만들어주면 된다.

지금까지 작업했던 두 개의 형태 레이어를 모두 복사한 후 위 사진과 같이 하단으로 옮겨 위치를 맞춰준다.

우측 상단 역시 마찬가지로 복사하여 위치를 맞춰준다.

마지막으로 우측 하단까지 복사하여 위치를 맞춰준다.

여기까지 카메라 촬영 효과의 가장 기본이 완성되었다. 이대로 사용해도 괜찮지만 조금 더 디테일한 효과를 위해 몇 가지를 더 추가해주도록 하자.

뒤로 가기 버튼을 눌러 타임라인으로 되돌아온다.

클립 추가 버튼을 터치하자.

오버레이 타이틀을 선택해 오버레이 타이틀을 추가한다.

새롭게 추가한 오버레이 타이틀을 선택하고 편집 화면으로 이동한다.

텍스트를 두 번 터치하여 REC라는 텍스트로 변경해준다.

REC는 녹화 중이라는 뜻으로 카메라 촬영 화면 효과를 나타내는 핵심적인 요소이다.

텍스트의 크기와 위치를 옮겨준다. 상하좌우 어디로 옮겨도 크게 상관없지만 일반적으로 좌측 상단으로 옮겨주는 것이 가장 보기 좋다.

레이어 추가 버튼을 터치한다.

형태 레이어를 추가한다.

여기까지 완료하면 추가된 사각형 형태 레이어를 확인할 수 있다.

원형 형태 레이어가 필요하기 때문에 원형 모양으로 변경해준다.

그러면 사각형의 형태 레이어가 원형으로 변경된다.

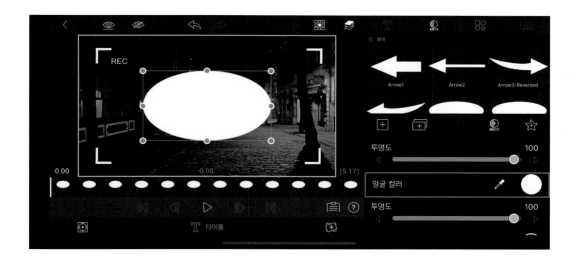

얼굴 컬러 부분을 터치해 형태 레이어의 색상을 변경한다.

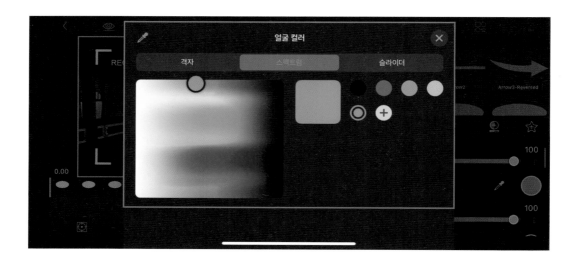

빨간색으로 변경하는 것이 가장 자연스럽다.

변경한 원형 레이어의 크기와 위치를 위 사진처럼 변경한다.

여기까지 완료했다면 디테일이 추가된 카메라 촬영 화면 효과가 완성된다. 이대로 사용해도 굉장히 훌륭하지만, 마지막으로 조금만 더 디테일을 추가해보도록 하자.

레이어 추가 버튼을 터치한다.

형태 레이어를 추가하도록 하자.

사각형의 형태 레이어가 추가되었다면 위 사진과 같이 크기와 위치를 변경해준다.

레이어 복사 버튼을 통해 방금 생성한 사각형의 형태 레이어를 복사해준다.

복사한 형태 레이어를 위 사진처럼 배치하여 배터리 아이콘으로 만들어준다.

여기까지 진행했다면 더 멋진 카메라 촬영 효과를 확인할 수 있다.

만약 아직도 부족하다면 하단에 카메라 관련 텍스트를 추가하여 더욱 멋을 내는 것도 가능하다.

7. 화면 조정 효과

화면 조정 효과는 현재 80% 이상의 유튜버들이 사용하고 있는 효과라고 해도 과언이 아닐 정도로 아주 많이 사용되는 효과이다. 영상에서 챕터가 넘어갈 때, 혹은 분위기를 반전하고 싶을 때 등 다양한 용도로 사용된다. 유튜브 영상을 많이 보는 사람이라면 대부분 알고 있는 효과이기 때문에 자세한 설명은 생략하도록 하겠다. 지금부터 화면 조정 효과를 만드는 방법에 대해 알아보자.

우리가 만들어볼 화면 조정 효과는 기존에 많이 사용되는 원색의 화면 조정 효과보다 조금 더 세련되면서도 만드는 것이 간단하다.

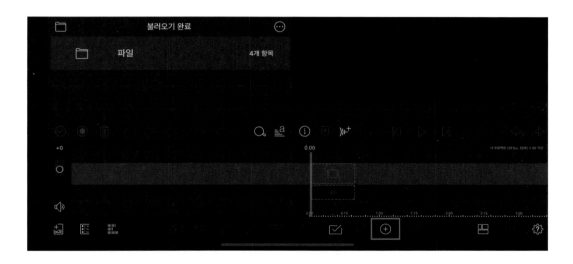

먼저 프로젝트를 생성한 후 하단의 클립 추가 버튼을 터치하자.

메인 타이틀을 선택한다.

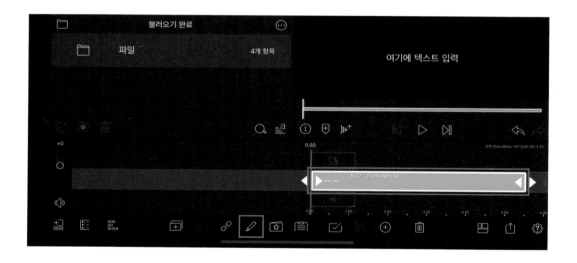

추가된 메인 타이틀 클립을 선택하고 편집 화면으로 이동한다.

자동으로 추가된 텍스트 레이어를 삭제해준다.

레이어 추가 버튼을 터치하자.

형태 레이어를 추가해준다.

여기까지 완료하면 추가된 사각형 형태 레이어를 확인할 수 있다.

사각형 형태 레이어를 화면이 꽉 차도록 확대해준다.

얼굴 컬러를 터치해 형태 레이어의 색상을 변경해준다.

원하는 색상을 선택해주면 되지만, 위 사진과 유사한 색상을 선택하는 것이 더 멋진 효과를 만들 수 있다.

여기까지 완료하면 색상이 변경된 사각형 형태 레이어를 확인할 수 있다.

레이어 복사 버튼을 통해 지금까지 작업한 형태 레이어를 복사해준다.

얼굴 컬러 부분을 터치해 복사한 레이어의 색상을 변경해준다.

변경할 색상은 위 사진을 참고하도록 하자.

색상을 변경한 형태 레이어는 위 사진과 같이 우측으로 조금 이동시켜주도록 하자.

한 번 더 형태 레이어를 복사해준다.

복사한 형태 레이어의 색상을 변경해준다.

색상은 위 사진을 참고해서 변경하도록 하자.

색상을 변경한 레이어를 오른쪽으로 조금 이동시킨다.

역시 마찬가지로 레이어를 복사해준다.

그리고 색상을 변경해준다.

색상은 위 사진을 참고해서 변경하자.

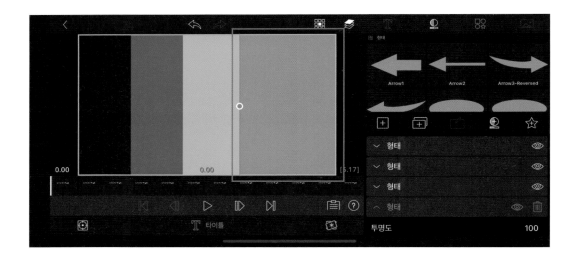

마찬가지로 우측으로 조금 이동시켜주도록 하자.

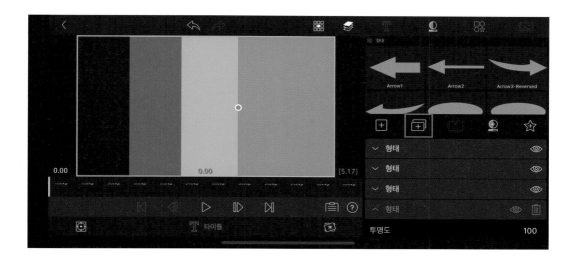

이제 마지막으로 추가될 레이어를 복사해준다.

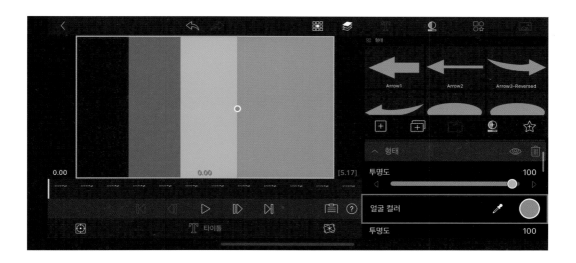

마지막 레이어의 색상을 변경해주도록 하자.

색상은 위 사진을 참고하여 변경하도록 한다.

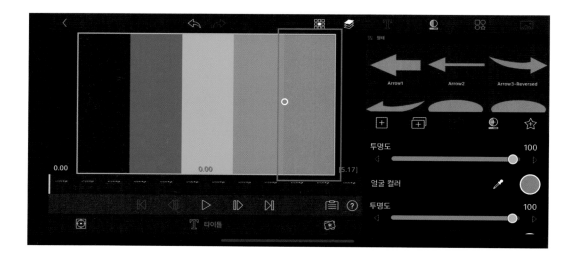

마지막 레이어도 우측으로 이동시켜 배치하도록 하자.

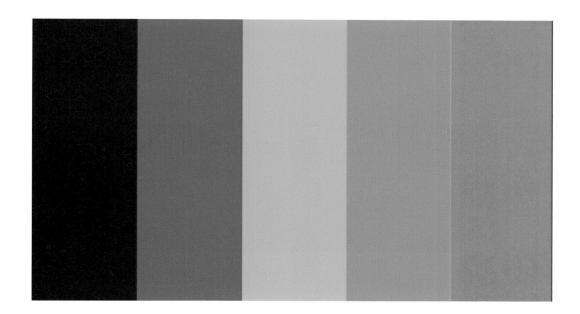

여기까지 완료했다면 기본적인 화면 조정 효과가 완성되었다. 이대로 사용해도 좋지만, 조금 더 디테일을 추가해주도록 하자.

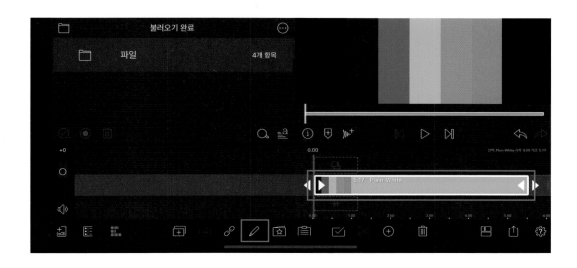

지금까지 작업한 화면 조정 클립을 선택하고 편집 화면으로 이동한다.

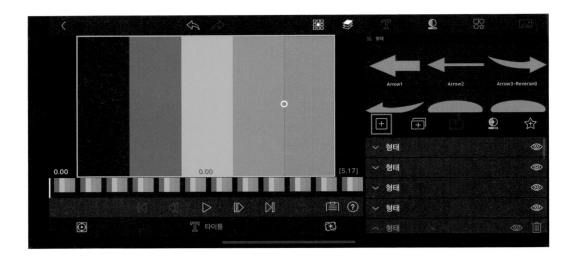

레이어 추가 버튼을 터치하자.

텍스트 레이어를 추가해준다.

텍스트를 터치하여 원하는 텍스트로 변경해준다.

우측 하단의 텍스트 꾸미기 기능을 통해 폰트, 크기 등을 원하는 대로 변경해준다.

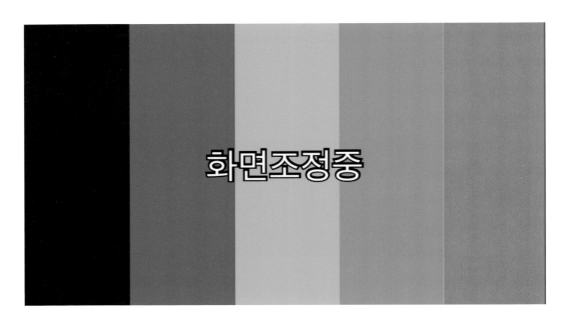

여기까지 완료했다면 멋진 화면 조정 효과가 완성된다.

실전 편집 스킬 : SNS 유행 영상 만들기

TIP

최근 유튜브뿐만 아니라 틱톡, 인스타그램에서 1분 미만의 짧은 영상들이 유행하고 있다. 특히 이런 짧은 영상일수록 트렌드에 민감해질 수밖에 없다. 그 트렌드에 맞는 영상을 업로드하면 조금 더 많은 시청자들의 사랑을 받을 수 있다. 이번 파트에서는 각종 SNS에서 유행 중인 편집 효과를 만드는 방법에 대해 알아보자.

1. 인스타그램에서 유행 중인 배경색 바꾸기

현재 인스타그램에서 굉장히 유행 중인 영상은 실루엣과 배경이 보이도록 촬영된 영상에서 배경의 색상이 계속해서 바뀌는 영상이라 한다. 이 효과를 사용하기 위해서는 앞에서 언급했던 것처럼 실루엣과 배경이 잘 구분되어 보이도록 촬영해야 사용이 가능하다. 이런 조건을 모두 갖추었다고 가정한 상태에서 배경색 바꾸는 방법에 대해 알아보도록 하자.

먼저 프로젝트를 생성한 후 타임라인에 사용할 영상을 불러오도록 하자.

불러온 영상 클립을 선택하고 편집 화면으로 이동한다.

컬러 및 효과에서 컬러 탭으로 이동한다.

색감 조정을 직접 할 수 있는 원본을 터치해주도록 하자.

여기서 해야 할 작업은 실루엣과 배경을 조금 더 명확하게 구분하는 작업이다. 어떤 항목의 수치를 어떻게 조정해야 하는지는 영상에 따라 다 다르겠지만, 일반적으로 많이 사용하는 조정 방법에 대해 알아보도록 하자.

먼저 대조 값을 높여준다.

채도 값을 높여준다. 이 두 가지 수치만 만져도 배경과 실루엣이 한층 더 구분하기 쉬워졌다.

다음으로 컬러 프리셋 부분을 내려보면 보면 색상이 변경되는 필터들을 확인할 수 있다.

배경을 파란색으로 바꾸고 싶다면 파란색 필터를 선택해준다.

배경을 초록색으로 바꾸고 싶다면 초록색 필터를 선택해준다.

필터에 따라 조금 더 짙은 파란색으로 변경해도 된다.

붉은색 필터로 붉은색 하늘로의 변경도 가능하다.

조금 더 다양한 색상이 보이도록 필터를 사용할 수도 있다.

노을 진 하늘 같은 느낌의 필터도 적용 가능하다.

이렇게 매우 다양하게 배경 색상을 변경할 수 있다. 원본 사진과 비교해보면서 자신이 원하는 색상으로 배경을 변경해보자.

2. 인스타그램에서 유행 중인 배경 바꾸기

방금 전에는 배경색을 바꾸는 방법을 배웠다면, 이번에는 배경 자체를 바꾸는 방법에 대해 알아 보도록 하겠다. 물론 배경을 바꾸기 위해서는 여러 가지 조건이 필요하다. 일반적으로 가장 많이 사용하는 방법은 배경을 초록색으로 촬영한 뒤 크로마키를 이용해 배경을 변경하는 방법이다. 이 방법은 전편인 〈처음 만나는 루마퓨전〉에서 확인할 수 있다. 이번 편에서는 크로마키가 아닌 다른 방법으로 배경을 바꾸는 방법에 대해 알아볼 예정이다.

배경 바꾸기 역시 방금 전에 배운 배경색을 바꾸는 방법의 연장선이라 생각하면 된다. 마찬가지로 앞에서 언급했던 것처럼 실루엣과 배경이 잘 구분되어 보이도록 촬영해야 사용이 가능하다. 이런 조건을 모두 갖추었다고 가정한 상태에서 배경색 바꾸는 방법에 대해 알아보도록 하자.

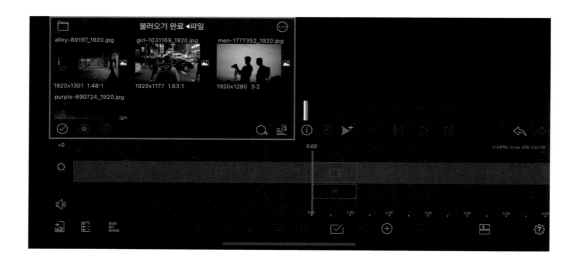

먼저 프로젝트를 생성한 후 타임라인에 사용할 영상을 불러오도록 하자.

총 2개의 영상을 불러와야 한다. 메인 트랙에는 바뀔 배경이 나와 있는 영상 클립을 불러온다.

그리고 1번 트랙에는 배경을 교체할 영상 클립을 불러와야 한다.

1번 트랙으로 가져온 배경을 교체할 영상을 선택한 다음 편집 화면으로 이동한다.

컬러 및 효과 → 컬러 탭으로 이동한다.

직접 색감 조정을 할 수 있도록 원본을 터치하자. 여기서 우리가 해야 할 작업은 2가지이다. 배경과 실루엣이 확실하게 구분하는 것, 그리고 배경의 색상 혹은 밝기를 최대한 비슷하게 맞춰주는 것이다. 어떤 항목의 수치를 어떻게 조정해야 하는지는 영상에 따라 다 다르겠지만, 일반적으로 많이 사용하는 조정 방법에 대해 알아보도록 하자. (여기서 알려주는 방법이 정답은 아니니까 직접 만져보면서 최적의 값을 확인하길 바란다.)

대조의 수치를 낮춰준다.

채도 값을 0으로 만들어 흑백으로 만들어준다.

하이라이트 양의 값을 높여준다

그림자 양을 낮게 조정한다.

여기까지 완료했다면 크로마키 탭으로 이동한다.

가장 첫 번째에 있는 그린 크로마키 효과를 선택하자.

키 색상 부분에서 스포이드 부분을 터치한다.

색상을 추출하고자 하는 배경 부분의 색상을 지정하자.

그러면 이렇게 배경이 모두 삭제되고 변경할 배경이 나타난다. 우리는 배경만 변경하고 실루엣은 그대로 살려야 하기 때문에 약간의 조정이 필요하다.

실루엣만 깔끔하게 나오고 배경이 확실하게 지워지도록 하기 위해 우측 하단의 수치를 조절해
준다.

이렇게 실루엣만 남기고 배경이 변경된 영상을 확인할 수 있다. 이렇게 크로마키를 사용하는 방
법 말고 조금 더 자연스럽게 배경을 변경하는 방법 또한 존재한다. 이번에는 두 번째 방법을 알
아보도록 하자.

지금까지 추가했던 모든 효과들을 삭제한 후 다시 타임라인으로 돌아와서, 1번 트랙에 배경이 교체될 영상을 선택하고 편집 화면으로 이동하자.

컬러 및 효과 탭에서 컬러 → 원본을 선택한다. 앞에서와 마찬가지로 색감을 직접 조정해줄 예정이지만, 조금 다르게 조정할 예정이다. 이번 색감 조정의 목적은 배경과 실루엣이 확실하게 구분하는 것만을 신경 쓰면 된다. 어떤 항목의 수치를 어떻게 조정해야 하는지는 영상에 따라 다 다르겠지만, 일반적으로 많이 사용하는 조정 방법에 대해 알아보도록 하자. (여기서 알려주는 방법이 정답은 아니니까 직접 만져보면서 최적의 값을 확인하길 바란다.)

대조 수치만 높여주면 다른 것은 크게 만질 필요가 없다.

여기까지 완료했다면 프레임 및 맞춤으로 이동하자.

혼합 중 기능으로 이동하면 혼합 모드라는 것을 확인할 수 있다. 혼합 모드는 "블렌딩 모드"라고 불리는 것이며, 밝기 차이를 이용해 영상을 합성하는 기능이라 생각하면 이해하기 편할 것이다.

혼합 모드에는 여러 가지 모드가 존재한다. 이 모드들마다 합성하는 방법이 조금씩 다르기 때문에 어떤 모드를 선택하느냐에 따라 다양하게 합성이 가능하다. 우리는 그중에서도 배경이 자연스럽게 합성되는 모드 몇 가지만 예시로 보도록 하자.

명암 조절 모드를 선택하면 배경이 이렇게 바뀐다.

곱하기 모드를 선택하면 배경이 이렇게 바뀐다.

컬러 번 모드를 선택하면 배경이 이렇게 바뀐다.

스텐실 루마 모드를 선택하면 배경이 이렇게 바뀐다. 그 외에도 여러 가지 모드를 선택할 수 있다. 하나하나 선택해보면서 본인이 원하는 배경을 찾을 수 있다.

3. 유튜브에서 유행 중인 GRWM 편집 스킬

최근 유튜브에서 굉장히 유행했던 영상이 있다. 바로 GRWM이라고 하는 영상이다. GRWM은 "Get Ready With Me"의 약자로 출근하기 전, 학교 가기 전, 약속 장소에 나가기 전 준비하는 과정을 담은 영상이라 할 수 있다. 이 영상에서는 스타일링, 메이크업 등 촬영자의 각종 노하우를 알 수 있기 때문에 많은 시청자를 확보하며 인기가 있었다.

그중에서도 메이크업을 하는 것이 가장 유행했다. 메이크업 영상에서 가장 중요한 것은 바로 색감 조정이다. 색감을 어떻게 조정하느냐에 따라 하늘과 땅 차이로 달라 보이기 때문에 대단히 중요한 부분이다. 이 GRWM 메이크업 영상에서 사용하기에 좋은 색감 조정법을 알아보자.

먼저 프로젝트를 생성한 후 타임라인에 사용할 영상을 불러오도록 하자.

불러온 영상을 선택하고 편집 화면으로 이동한다.

컬러 및 효과 → 컬러 탭으로 이동한다.

원본을 터치하자.

하단에 보이는 수치를 조절하여 GRWM에 맞는 색감 보정을 해줄 수 있다. 어떤 항목의 수치를 어떻게 조정해야 하는지는 영상에 따라 다 다르겠지만, 일반적으로 많이 사용하는 조정 방법에 대해 알아보도록 하자. (여기서 알려주는 방법이 정답은 아니니까 직접 만져보면서 최적의 값을 확인하길 바란다.)

레벨 수치를 올려주도록 하자. 총 5개의 점이 있는데 중간 혹은 오른쪽 점을 움직여주면 전체적으로 밝아진다.

밝기 수치는 아주 조금만 올려주도록 한다.

대조 수치를 올려주자.

채도 수치 역시 올려주자. GRWM 영상에서는 색감이 아주 중요하기 때문에 대조와 채도는 굉장히 중요한 역할을 한다.

그 외에 부족한 부분이 있다면 직접 수치를 조절해준다.

여기까지 진행했다면 멋지게 완성된 GRWM 색감을 확인할 수 있다. 원본 영상과 비교해보자.

4. 틱톡에서 유행 중인 박자 편집

최근 유튜브만큼 흥행 중인 영상 플랫폼인 틱톡에서 박자 편집이 무척 유행하고 있다. 박자 편집이란 배경 음악의 박자에 맞춰 영상 혹은 사진이 바뀌는 것을 의미한다.

많은 분들이 박자 편집을 어렵게 생각하는데, 실제로 작업해보면 아주 쉽게 할 수 있다. 지금부터 박자 편집을 하는 방법에 대해 알아보자.

박자 편집에서는 먼저 사용할 음악이 필요하다. 프로젝트를 생성한 후 타임라인에 사용할 배경 음악을 불러오도록 하자.

타임라인에 사용할 배경 음악을 불러왔다면, 배경 음악의 음파가 잘 보이도록 타임라인을 확대해주도록 하자.

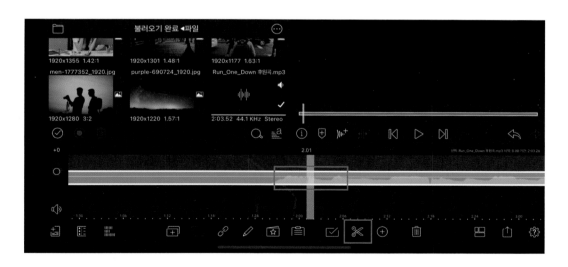

배경 음악을 박자에 맞게 잘라주도록 한다. 박자에 맞게 자르는 방법은 두 가지이다. 직접 배경음악을 들으면서 박자가 시작되는 부분에서 멈추고 잘라주는 방법, 또 하나는 배경 음악 클립에 나와 있는 음파 모양을 보고 잘라주는 방법이다. 두 번째 방법은 어느 정도 숙련된 사람이 아니면 구분하기 힘들기 때문에 첫 번째 방법을 사용하길 추천한다.

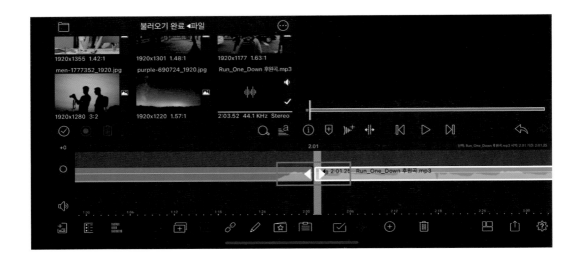

배경 음악을 박자에 맞게 자르면 위 사진과 같이 배경 음악 클립이 2개로 분할된 것을 볼 수 있다.

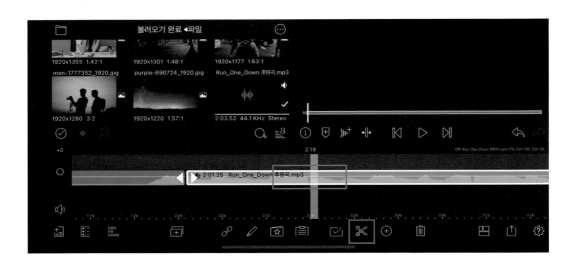

다음 박자에서도 잘라주도록 하자.

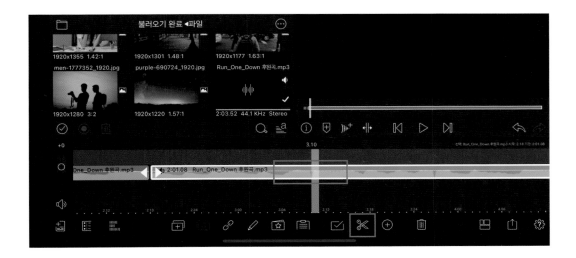

그다음 박자에서도 잘라주도록 하자.

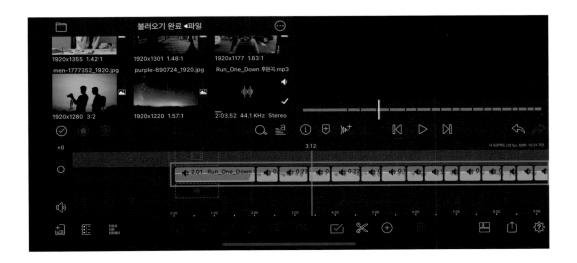

이 과정을 배경 음악 끝까지 반복해준다.

여기까지 완료했다면 박자 편집에 사용할 사진 혹은 영상을 타임라인으로 불러오자.

불러온 영상을 박자에 맞게 배치하면 되는데, 메인 타임라인은 영상이 항상 가장 앞쪽에 배치되도록 설정되어 있다. 따라서 영상을 첫 박자에 배치하고 싶어도 메인 타임라인에 있는 영상은 뒤로 움직여지지 않는다. 따라서 이 설정을 해제한 후 작업해야 한다.

좌측 하단의 플레이 헤드 버튼을 터치하고, 메인 타임라인에 화살표 모양을 터치해준다.

그러면 위 사진과 같이 메인 타임라인에 색상이 입혀지고, 빈 공간 없이 앞으로 배치되던 설정이
해제된다.

이제 메인 타임라인에서도 자유롭게 영상 클립을 앞뒤로 움직일 수 있다. 영상을 원하는 박자에 맞게 이동시켜주자.

박자에 맞게 잘려진 배경 음악의 길이에 맞춰주도록 하자.

다음 박자에 사용할 영상을 타임라인에 불러온다.

마찬가지로 박자에 맞게 잘려진 배경 음악 길이에 맞춰준다.

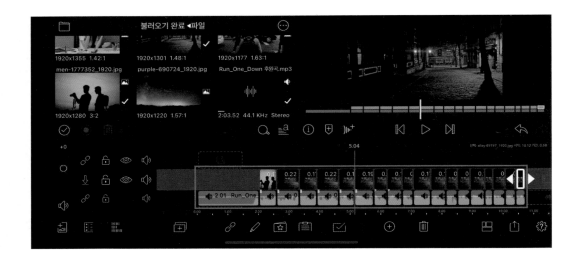

이 과정을 끝까지 반복해주면 박자 편집이 완료된다.

5. 틱톡에서 유행 중인 슬로 모션

특정 부분에 슬로 모션을 넣어 영상미를 돋보이게 하는 편집 스킬은 틱톡에서뿐만 아니라 각종 여행 영상, VLOG 등에도 많이 사용된다. 지금부터 슬로 모션을 추가하는 방법에 대해 알아보자.

먼저 프로젝트를 생성한 후 타임라인에 사용할 영상을 불러오도록 하자.

불러온 영상을 선택하고 편집 화면으로 이동한다.

속도 및 뒤로 돌리기 탭에서 슬로 모션과 관련된 여러 가지 항목을 조작할 수 있다.

먼저 속도라고 되어 있는 부분이 영상의 속도를 조절할 수 있는 부분이다.

뒤로 가기 기능은 영상을 반대로 재생하는 기능이다.

오디오 피치 관리는 영상의 속도를 올려 빠르게 재생할 경우 음성도 피치가 올라가서 변조된 것처럼 변하는데, 이 피치가 올라가지 않도록 제어하는 기능이다. 이 기능은 보통 영상의 속도를 2배까지 빨라지게 했을 때에 적용하며, 그 이상 빨라지면 적용할 수 없다.

영상의 속도를 조절하는 기능으로 다시 돌아와서, 영상의 최대 속도는 6배까지 빠르게 재생할 수 있다.

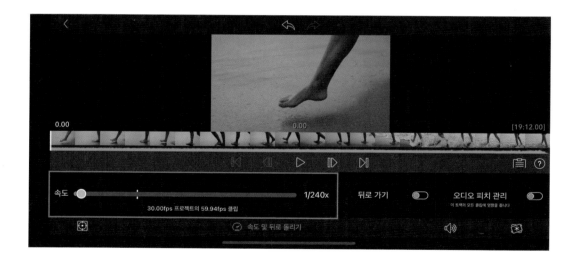

반대로 슬로 모션의 경우 최대 1/240까지 느리게 재생시킬 수 있다.

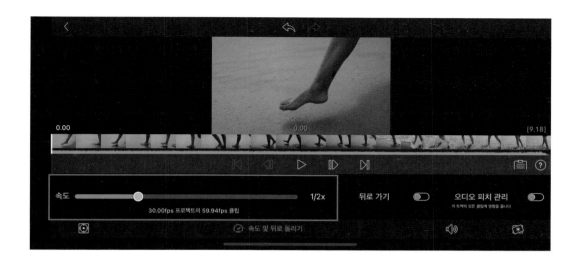

보통의 경우 위 사진처럼 1/2 속도로 줄이는 것이 일반적이다.

지금부터는 영상에서 자신이 원하는 부분만 슬로 모션 효과를 넣는 방법에 대해 알아보자. 사용할 영상을 선택한다.

슬로 모션 효과를 주고 싶은 시작점으로 이동한 뒤 영상을 잘라준다.

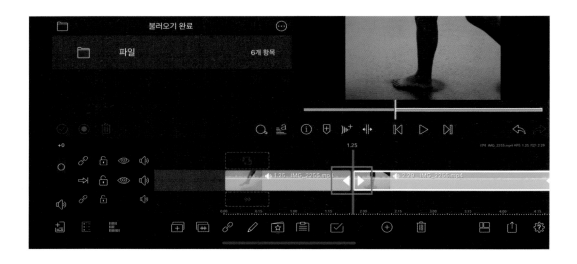

영상이 2개로 분할된 것을 확인할 수 있다.

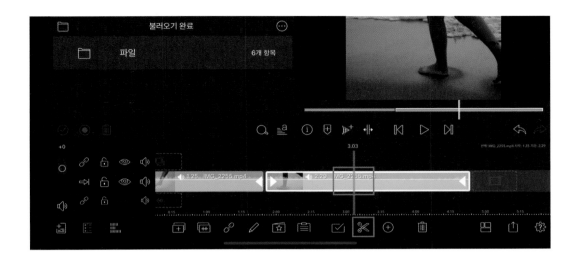

다음으로 슬로 모션 효과를 끝내고 싶은 지점으로 이동한 후 잘라준다.

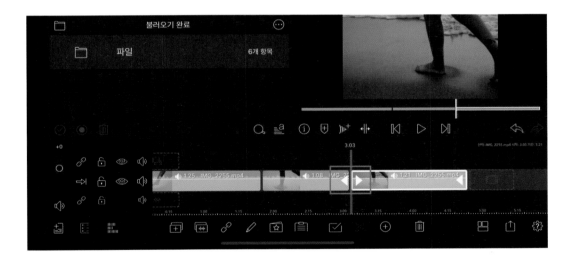

마찬가지로 영상이 분할된 것을 확인할 수 있다.

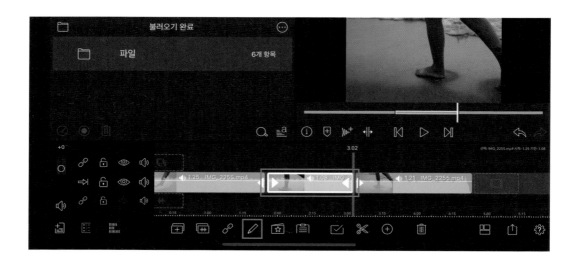

여기까지 완료했다면 슬로 모션 효과를 주고 싶은 곳만 잘린 것을 확인할 수 있다. 해당 영상 클립을 선택한 후 편집 화면으로 이동한다.

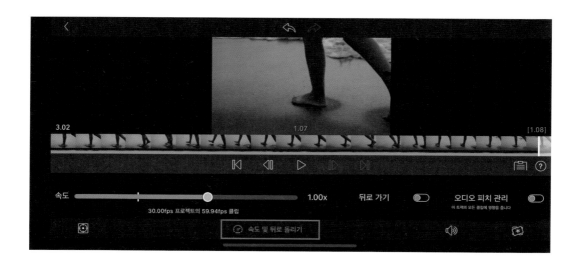

속도 및 뒤로 돌리기 탭으로 이동한다.

속도를 원하는 만큼 줄여준다. 앞서 말했듯이 기본적으로 1/2로 줄이는 것이 일반적이다.

여기까지 완료했다면 슬로 모션 효과가 적용된 것을 확인할 수 있다.

CHAPTER 04

실전 편집 스킬 : TV에 나오는 고급 스킬

TIP

영화, 뮤직비디오, 광고 등 우리가 흔히 TV에서 접할 수 있는 대부분의 영상들은 수많은 전문가들이 엄청난 제작비를 투자해 만들어낸 결과물이다. 따라서 매우 화려한 효과들이 많이 들어가 있다. 그렇다 보니 많은 사람들이 TV에 나오는 편집 스킬들은 전부 만들기 어려운 것이라고 생각한다. 하지만 그중 일부는 우리도 쉽게 만들 수 있는 것들이 포함되어 있다. 이번 파트에서는 TV에 나오는 고급 편집 스킬들 중에서 우리가 사용할 수 있는 몇 가지 스킬들에 대해 배워보도록 하자.

1. 방탄소년단 'ON' 뮤직비디오에 나오는 로고 만들기

방탄소년단이 2020년 2월 21일에 발표한 곡인 'ON'의 뮤직비디오에는 곡 제목이 크게 들어간 로고가 나온다. 이 로고를 만드는 방법을 알아두면 다양한 곳에 응용하여 사용할 수 있다.

만약 어떤 로고인지 모른다면 유튜브 등을 통해 'ON' 뮤직비디오를 시청한 후 책을 보면 더 빠르게 이해할 수 있다. 지금부터 이 로고를 만드는 방법에 대해 알아보자.

먼저 프로젝트를 생성한 후 타임라인에 사용할 영상을 불러오도록 하자.

영상을 불러온 후 하단의 클립 추가 버튼을 터치하자.

오버레이 타이틀을 추가한다.

오버레이 타이틀 클립을 선택하고 편집 화면으로 이동한다.

텍스트 부분을 터치해서 원하는 텍스트로 바꿔주자. 필자는 'ON' 뮤직비디오 로고를 그대로 만들기 위해 ON이라고 작성하도록 하겠다.

텍스트를 변경했다면 우측 하단의 기능들을 통해 폰트와 크기를 바꿔준다.

텍스트를 적절한 위치로 이동시켜준다.

여기까지 완료했다면 프레임 및 맞춤 탭의 자르는 중 기능으로 이동한다.

자르는 중 기능을 이용해 글씨 하단이 약간 잘려나가도록 하자.

여기까지 완료했다면 1차적인 제목 로고는 완료되었다. 하지만 뮤직비디오를 보면 로고 하단에 작은 텍스트가 더 들어가 있을 것이다. 이 부분까지 다 구현해보도록 하자.

클립 추가 버튼을 터치하자.

오버레이 타이틀을 선택한다.

생성된 오버레이 타이틀을 선택한 후 편집 화면으로 이동한다.

텍스트 부분을 터치해서 원하는 텍스트로 변경해준다.

변경을 완료했다면 우측 하단의 기능을 통해 폰트, 크기 등을 변경해준다.

텍스트를 로고 밑으로 옮겨주도록 하자.

레이어 복사 버튼을 터치해 방금 만든 텍스트 레이어를 복사한다.

원하는 텍스트로 변경 후 위치를 조정해준다.

여기까지 완료했다면 방탄소년단의 'ON' 뮤직비디오 로고가 완성된 것을 확인할 수 있다.

2. 알바천국 광고 만들기

알바천국에서 2019년 12월에 공개한 광고에는 망원경으로 거리를 보는 효과, 그리고 가수 전소미 님이 얇은 전봇대 뒤에서 숨어 있는 장면이 나온다. 많은 분들이 이 장면은 CG를 통해 제작한 것이라 생각하지만, 아주 간단한 기능을 사용해서 이 장면을 만들 수 있다. 만약 어떤 광고인지 모른다면 유튜브 등을 통해 시청한 후 책을 보면 더 빠르게 이해할 수 있다. 지금부터 알바천국 광고를 만드는 방법에 대해 알아보자.

첫 번째로 전소미 님이 얇은 전봇대 뒤에 숨어있다가 나오는 장면부터 만들어보도록 하자. 이 장면을 만들기 위해서는 2개의 영상이 필요하다.

첫 번째로 이렇게 얇은 전봇대 뒤에 서서 나오는 영상이 필요하다.

두 번째로 사람이 나오지 않는 전봇대만 촬영된 영상이 필요하다. 이 두 영상을 촬영할 때 반드시 지켜야 할 것은 두 영상의 구도가 완벽하게 똑같아야 한다는 것이다. 즉, 삼각대에 카메라를 설치한 상태에서 두 장면을 모두 촬영해야 하며 밝기, 색감 등 카메라 설정까지 모두 동일해야 한다.

이렇게 두 영상을 준비했다면 이제 편집을 시작해보자.

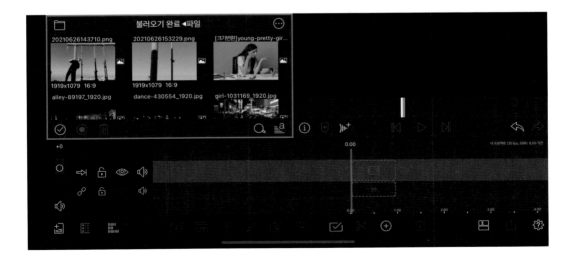

먼저 프로젝트를 생성한 후 타임라인에 사용할 영상을 불러오도록 하자.

메인 타임라인에 불러올 영상은 전봇대만 찍힌 영상이다.

다음 1번 트랙에 전봇대와 사람이 함께 찍힌 영상을 불러온다.

1번 트랙에 있는 전봇대와 사람이 함께 나온 영상을 선택하고 편집 화면으로 이동한다.

프레임 및 맞춤의 자르는 중 기능으로 이동한다.

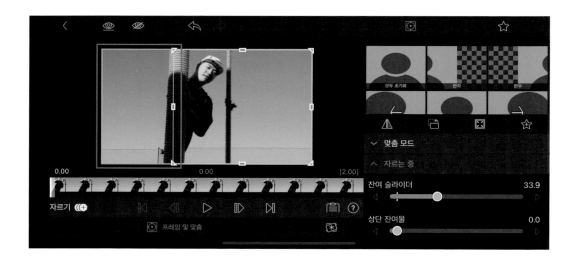

자르는 중 기능을 이용해 전봇대의 좌측 부분이 잘리도록 해준다.

자른 부분이 자연스러워지도록 자르는 중 기능인 모서리 다듬기 수치를 아주 살짝만 올려준다.

여기까지 완료했다면 얇은 전봇대 뒤에 숨어있다가 나타나는 영상이 완성된다. 이렇게 CG 처리가 필요할 것만 같은 영상을 아주 쉽게 만들 수 있다. 다음으로 광고에 함께 나오는 효과인 망원경으로 거리를 보는 효과를 만들어보자.

먼저 프로젝트를 생성한 후 타임라인에 사용할 영상을 불러오도록 하자.

메인 타임라인으로 불러와주면 된다.

클립 추가 버튼을 터치한다.

오버레이 타이틀을 선택하자.

생성된 오버레이 타이틀을 선택한 후 편집 화면으로 이동한다.

자동으로 생성된 텍스트 레이어는 삭제하도록 하자.

레이어 추가 버튼을 터치하자.

형태 레이어를 선택하도록 하자.

생성된 형태 레이어의 색상을 변경해주도록 하자.

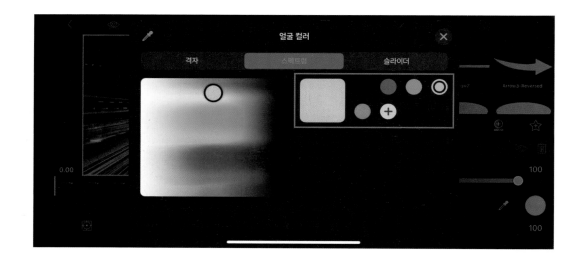

원하는 색상으로 변경해주면 되지만, 필자는 알바천국 광고와 같은 색상으로 변경하겠다.

여기까지 완료했다면 색상이 변경된 형태 레이어를 확인할 수 있다.

형태 레이어가 화면에 꽉 차도록 크기를 키워준다.

레이어 추가 버튼을 터치한다.

형태 레이어를 선택한다.

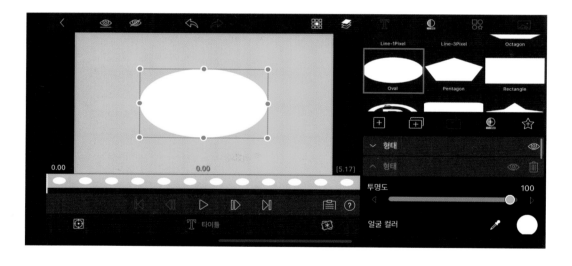

추가된 형태 레이어를 원형으로 변경해준다.

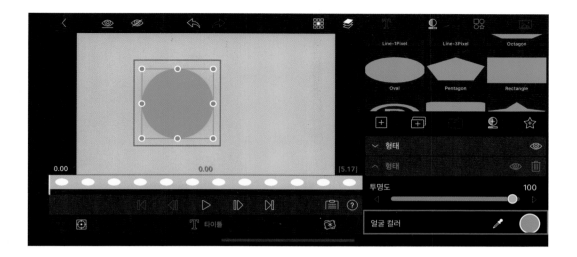

형태 레이어를 정원으로 만들어준 후 색상을 초록색으로 변경한다.

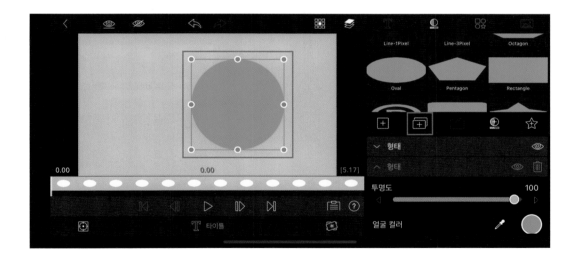

해당 형태 레이어를 중앙에서 약간 우측에 배치해준 후 해당 레이어를 복사해준다.

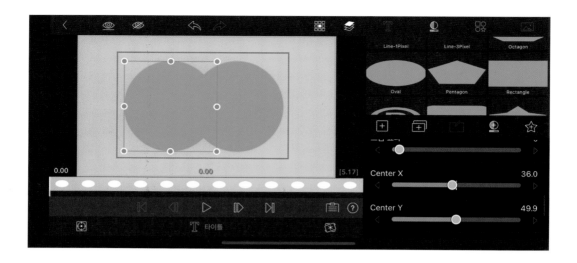

복사한 레이어를 중앙에서 약간 좌측에 위치하도록 배치한다.

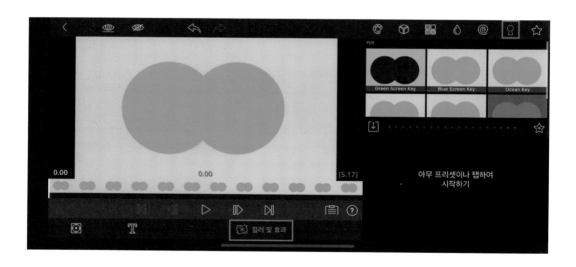

여기까지 완료했다면 컬러 및 효과 탭의 크로마 키 기능으로 이동해준다.

그린 스크린 키를 선택해 원형 레이어의 색상을 삭제해주도록 하자.

만약 깔끔하게 제거되지 않았다면 하단의 수치들을 조정해 깔끔하게 삭제시켜주도록 하자.

여기까지 완료했다면 알바천국 광고에 나오는 망원경 효과를 확인할 수 있다.

3. 호텔스컴바인 광고 속 자막 효과 만들기

호텔스컴바인에서 2019년 6월에 공개한 광고에는 흐려서 잘 보이지 않던 자막이 진해지면서 잘 보이게 되는 자막 효과가 나온다. 이 효과는 유튜브에서도 굉장히 많이 사용하는 자막 효과이다.

만약 어떤 광고인지 모른다면 유튜브 등을 통해 시청한 후 책을 보면 더 빠르게 이해할 수 있다. 지금부터 호텔스컴바인 광고 속 자막 효과를 만드는 방법에 대해 알아보자.

먼저 프로젝트를 생성한 후 타임라인에 사용할 영상을 불러오도록 하자.

영상을 불러왔다면 하단의 클립 추가 버튼을 터치하자.

오버레이 타이틀을 선택하자.

생성된 오버레이 타이틀 클립을 선택한 후 편집 화면으로 이동한다.

텍스트를 터치해 원하는 텍스트로 변경해주자.

변경했다면 우측 하단의 기능들을 통해 폰트와 크기 등을 변경해주자.

텍스트를 원하는 위치로 이동시켜준다.

여기까지 완료했다면 프레임 및 맞춤의 혼합 중 기능으로 이동한다.

텍스트가 너무 안 보이지도, 너무 잘 보이지도 않게 투명도를 적절하게 내려준다.

여기까지 완료했다면 뒤로 가기를 눌러 타임라인으로 돌아간다.

방금까지 작업한 타이틀 클립을 선택하고 복사해준다.

복사한 텍스트 클립을 기존 텍스트 클립보다 약간 뒤쪽에 배치한다.

복사한 텍스트 클립을 선택한 후 편집 화면으로 이동한다.

프레임 및 맞춤의 혼합 중 기능으로 이동한다.

투명도를 다시 원래대로 올려준다.

여기까지 완료했다면 호텔스컴바인 광고 속 텍스트 효과가 완성된다.

4. 마블 영화 시리즈 인트로 만들기

많은 사람들이 좋아하는 마블 영화 시리즈의 시그니처는 당연히 인트로에 있다고 해도 과언이 아니다. 그만큼 마블 영화 시리즈의 인트로는 매우 유명하고, 많은 이들의 마음을 설레게 한다. 실제로 많은 유튜버들이 마블 인트로와 유사하게 자신의 인트로를 만들어 사용하고 있다.

만약 어떤 로고인지 모른다면 유튜브 등을 통해 마블 영화 시리즈의 인트로를 확인한 후 책을 보면 더 빠르게 이해할 수 있다. 지금부터 마블 영화 시리즈 인트로를 만드는 방법에 대해 알아보자.

먼저 프로젝트를 생성한 후 타임라인에 사용할 사진을 불러오도록 하자.

사진은 짧은 간격으로 여러 장을 배치해주도록 한다.

좌측 상단의 버튼을 터치한다.

전환 버튼을 터치한다.

Pushes 전환 효과를 불러온 사진 사이에 적용한다.

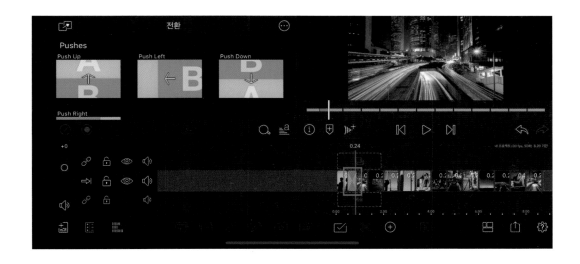

사진의 길이가 짧은 만큼 적용한 전환 효과도 적절하게 줄여준다.

위 사진처럼 모든 사진 사이에 전환 효과를 모두 다 적용해준다.

여기까지 완료했다면 클립 추가 버튼을 터치한다.

오버레이 타이틀을 선택한다.

오버레이 타이틀이 1번 트랙에 추가된 것을 볼 수 있다.

추가한 오버레이 타이틀의 길이를 사진과 같아지도록 늘려주고, 편집 화면으로 이동한다.

자동으로 추가된 텍스트 레이어는 삭제해주도록 한다.

레이어 추가 버튼을 터치한다.

형태 레이어를 선택한다.

형태 레이어가 추가된 것을 볼 수 있다.

추가된 형태 레이어가 화면에 꽉 차도록 크기를 늘려준다.

형태 레이어의 색상을 변경해준다.

원하는 색상으로 변경해도 되지만, 마블 영화 시리즈 인트로에서는 주로 짙은 빨간색을 사용하기에 필자는 동일한 색상으로 변경했다.

여기까지 완료했다면 프레임 및 맞춤 탭의 혼합 중 기능으로 이동한다.

첫 화면에서 키 프레임을 추가해준다.

첫 키 프레임에서 투명도를 0으로 조절한다.

뒤로 충분히 이동해주자.

투명도를 다시 100으로 조절해준다.

여기까지 완료했다면 2개의 키 프레임이 추가된 것을 볼 수 있다. 이제 뒤로 가기를 눌러 타임라인으로 돌아가자.

클립 추가 버튼을 터치한다.

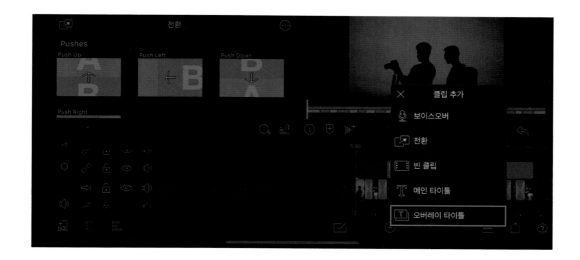

오버레이 타이틀을 선택한다.

2번 트랙에 생성된 오버레이 타이틀 클립을 확인할 수 있다.

1번 트랙과 마찬가지로 길이를 똑같이 맞춰준 후 편집 화면으로 이동한다.

텍스트를 터치해 원하는 글씨로 바꿔준다. 필자는 MARVEL이라고 작성하도록 하겠다.

텍스트를 변경했다면 우측 하단의 수치들을 조정해 폰트, 크기 등을 수정해주도록 하자.

일반적으로 두꺼운 폰트를 사용하면 더 자연스럽다.

폰트와 크기, 위치를 잡았다면 필수적으로 외곽선을 추가해주어야 한다. 모서리 색상 부분의 수치를 조절해주자.

텍스트에 외곽선이 추가된 것을 볼 수 있다.

다음으로 텍스트의 색상을 변경해주어야 한다.

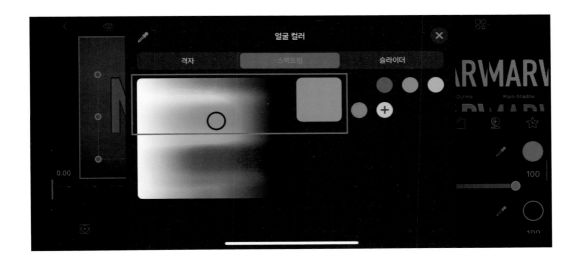

크로마 키를 적용할 수 있도록 초록색으로 변경하자.

여기까지 완료했다면 외곽선이 들어간 초록색 텍스트가 완성된다.

컬러 및 효과 탭에서 크로마 키 기능으로 이동한다.

그린 스크린 키를 터치해서 텍스트의 초록색 색상을 제거해준다. 만약 깔끔하게 제거되지 않는다면 우측 하단의 수치를 조절해주자.

여기까지 완료했다면 프레임 및 맞춤 탭의 혼합 중 기능으로 이동한다.

첫 화면에서 키 프레임을 생성한다.

키 프레임은 한 번 작업을 시작하면 수정이 힘들기 때문에 작업하기 전에 키 프레임이 생성된 것을 꼭 확인해주자.

첫 키 프레임에서 작성한 텍스트를 확대해준다.

뒤로 충분히 이동해준 뒤 텍스트의 크기를 다시 원상태로 복구해준다.

여기까지 완료했다면 2개의 키 프레임이 추가된 것을 볼 수 있다. 이제 뒤로 가기를 눌러 타임라인으로 돌아가자.

텍스트 작업한 타이틀 클립을 복사해준다.

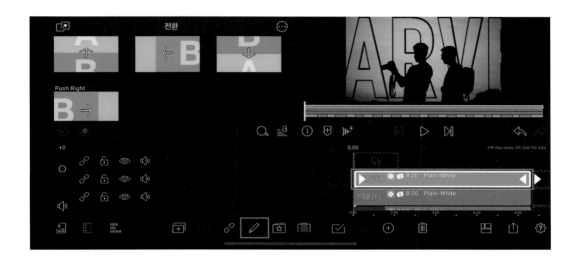

복사된 텍스트 클립을 선택한 후 편집 화면으로 이동한다.

복사된 텍스트의 색상을 흰색으로 변경해준다.

모서리 색상도 제거해준다.

외곽선이 없는 흰색 텍스트가 완성된다.

여기까지 완료했다면 뒤로 가기 버튼을 눌러 타임라인으로 돌아간다.

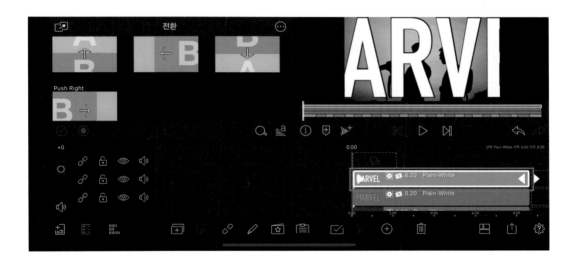

마지막에 작업한 텍스트 클립 앞쪽의 길이를 줄여주자.

여기서 주의할 점은 텍스트 클립이 선택된 상태에서 화살표 모양을 이용해 앞쪽의 길이를 줄여야 한다는 점이다. 임의로 클립 위치를 이동시키면 절대 안 된다.

여기까지 완료했다면, 크로스 디졸브라는 전환 효과를 맨 위의 텍스트 클립 앞쪽에 적용해준다.

전환 효과의 길이를 충분히 늘려주면 마블 영화 시리즈 인트로가 완성된다.

5. 영화 '기생충' 포스터 눈 가리개 효과 만들기

세계적으로 많은 사랑을 받은 영화인 '기생충'을 모르는 사람은 없을 거라 생각한다. 이 '기생충' 영화 포스터를 보면 눈이 검은색 막대로 가려진 효과를 볼 수 있다. TV 프로그램에서, 그리고 수 많은 예능에서 이 효과를 패러디하여 사용했다.

만약 어떤 효과인지 모른다면 유튜브 등을 통해 확인한 후 책을 보면 더 빠르게 이해할 수 있다. 지금부터 영화 '기생충' 포스터에서 사용된 눈 가리개 효과를 만드는 방법에 대해 알아보자.

먼저 프로젝트를 생성한 후 타임라인에 사용할 영상을 불러오도록 하자.

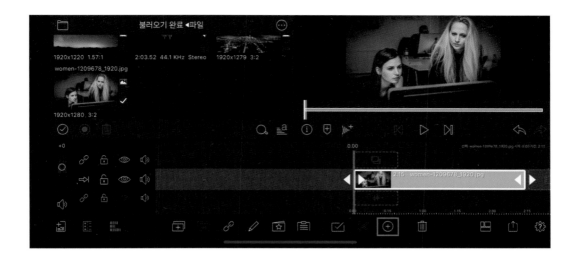

클립 추가 버튼을 터치한다.

오버레이 타이틀을 선택한다.

추가된 오버레이 타이틀을 선택한 후 편집 화면으로 이동한다.

자동으로 생성된 텍스트 레이어는 삭제해준다.

레이어 추가 버튼을 터치하고 형태 레이어를 추가한다.

생성된 형태 레이어의 색상을 변경해준다.

원하는 색상으로 변경해도 되지만, 일반적으로는 검은색을 사용하는 게 가장 자연스럽다.

형태 레이어의 모양을 긴 막대와 같이 만들어준다.

형태 레이어를 사람의 눈 쪽으로 이동시켜준다.

얼굴 각도에 맞게 회전하여 눈 쪽을 완벽하게 가려준다.

복사하기 버튼을 터치해 형태 레이어를 복사해준다.

마찬가지로 형태 레이어를 얼굴 쪽으로 이동하고, 각도에 맞게 회전해준다.

여기까지 완료했다면 영화 '기생충' 포스터의 눈 가리개 효과가 완성된다.

6. 영화 '인셉션' 스타일 인트로 만들기

국내에서도 많은 사랑을 받은 영화인 '인셉션'은 땅이 뒤집어지는 등의 화려한 영상미가 돋보이는 영화이다. 이러한 영상미 때문에 많은 유튜버들이 여행 영상을 만들 때 '인셉션' 스타일의 인트로를 만들어 사용한다. 지금부터 영화 '인셉션' 스타일의 인트로를 만드는 방법에 대해 알아보자.

'인셉션' 스타일의 인트로를 만들기 위해서는 준비해야 할 것이 있다. 위 영상처럼 전체적인 전경을 찍은 영상이 필요하다. 그중에서도 절반 이상은 하늘이 나오도록 촬영해야 아주 자연스러운 '인셉션' 스타일의 인트로를 만들 수 있다.

먼저 프로젝트를 생성한 후 타임라인에 사용할 영상을 불러오도록 하자.

불러온 영상 클립을 선택한 후 편집 화면으로 이동한다.

프레임 및 맞춤 탭의 크기 및 포지션 기능으로 이동한다.

미리 보기 화면의 중간선을 나누었을 때 하늘이 반 이상을 차지할 수 있도록 이미지를 하단으로 조금 움직여준다.

여기까지 완료했다면 뒤로 가기를 눌러 타임라인으로 돌아간다.

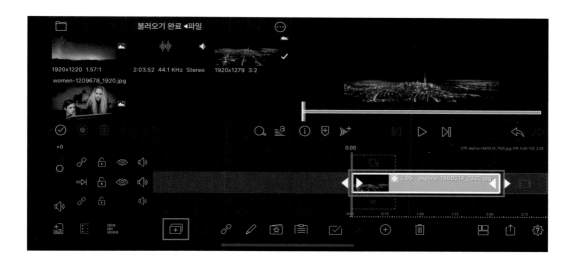

작업 중인 영상 클립을 복사해준다.

복사된 영상 클립을 선택한 후 편집 화면으로 이동한다.

프레임 및 맞춤으로 이동하여 영상을 180도 회전시킨다.

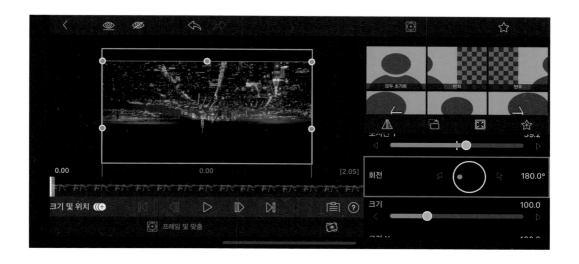

영상이 180도 회전된 것을 확인할 수 있다.

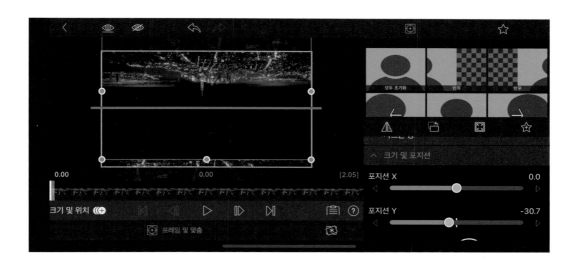

역시 마찬가지로 미리 보기 화면을 반으로 나누었을 때 반 이상이 하늘이 되도록 이동시킨다.

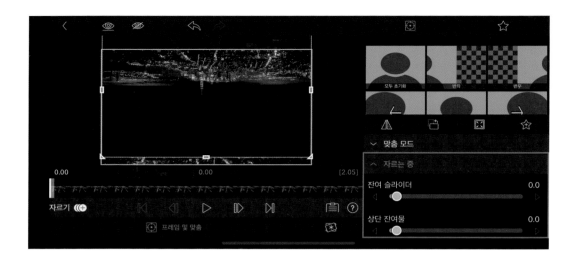

자르는 중 기능을 이용해 영상의 상단부를 잘라준다. 영상을 180도 돌렸기 때문에 하단부로 보이지만 상단부를 잘라야 아래쪽이 잘린다.

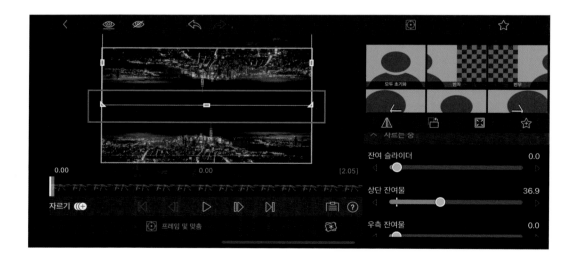

영상의 절반까지 잘라준다.

모서리 다듬기 기능을 이용해 자른 부분이 자연스럽게 연결되도록 만들어준다.

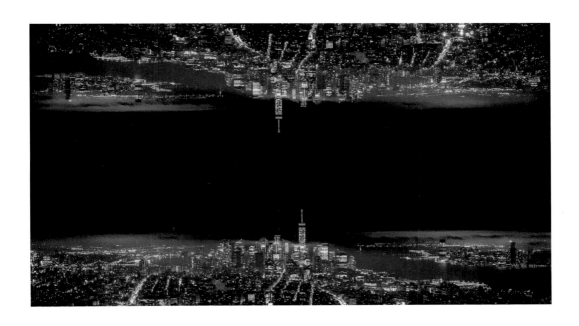

여기까지 완료했다면 위 사진과 같은 영상이 완성되었다. 이제 텍스트를 추가해 인트로를 마무리해보도록 하자.

클립 추가 버튼을 터치하자.

오버레이 타이틀을 선택한다.

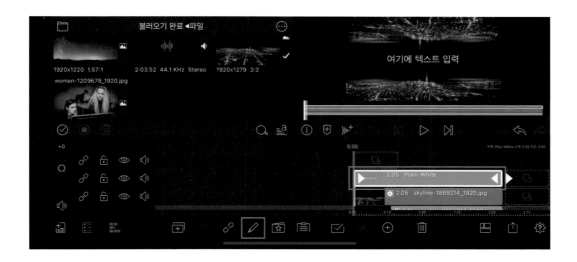

추가된 오버레이 타이틀을 선택한 후 편집 화면으로 이동한다.

텍스트를 터치해 원하는 글씨로 변경해준다.

변경을 완료했다면 우측 하단의 기능들로 폰트 및 크기, 색상 등을 변경해준다.

여기까지 완료했다면 '인셉션' 스타일의 인트로가 완성된다.

7. 인기 예능 '놀면 뭐하니' 만화 인트로 만들기

현재 가장 많이 사랑받는 TV예능 중 하나가 바로 MBC '놀면 뭐하니?'이다. 해당 예능의 인트로에는 실제 출연하는 출연자가 만화 캐릭터로 변한 것 같은 느낌을 준다.

만약 어떤 효과인지 모른다면 유튜브 등을 통해 해당 예능의 인트로를 확인한 후 책을 보면 더 빠르게 이해할 수 있다. 지금부터 인기 예능 '놀면 뭐하니?'의 만화 인트로를 만드는 방법에 대해 알아보자.

이번 예제에서는 프로젝트를 생성하는 것부터 시작하겠다. 프로젝트를 생성할 때 특별히 바꿔주어야 하는 설정 값이 있기 때문이다.

다른 설정 값은 그대로 진행해도 되지만, 만화 느낌의 인트로를 만들기 위해서는 프레임률의 값을 변경해주어야 한다.

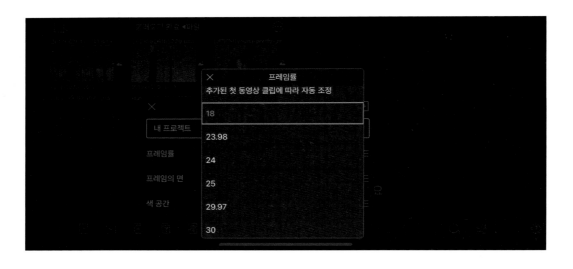

프레임률을 18로 변경한다.

변경된 것을 확인했다면 +버튼을 눌러 프로젝트를 생성해주자.

만화 효과를 적용할 영상을 불러온 후 편집 화면으로 이동한다.

컬러 및 효과 → 효과 탭으로 이동한다.

효과 탭 안에는 코믹이라는 기능이 있다.

코믹 효과를 추가하면 위 사진과 같이 만화 효과가 추가된 것을 확인할 수 있다.

우측 하단의 수치를 적절하게 조절해준다.

여기까지 완료한 후 영상을 출력하면 만화 효과를 낼 수 있다. 여기서 가장 중요한 것으로 만화 효과를 더 강조하기 위해 프로젝트를 생성할 때 프레임률을 낮게 설정해 뚝뚝 끊어지게 재생되도록 해야 한다. 이 부분을 반드시 명심하자.

CHAPTER 05

실전 편집 스킬 : 각종 꿀팁과 노하우

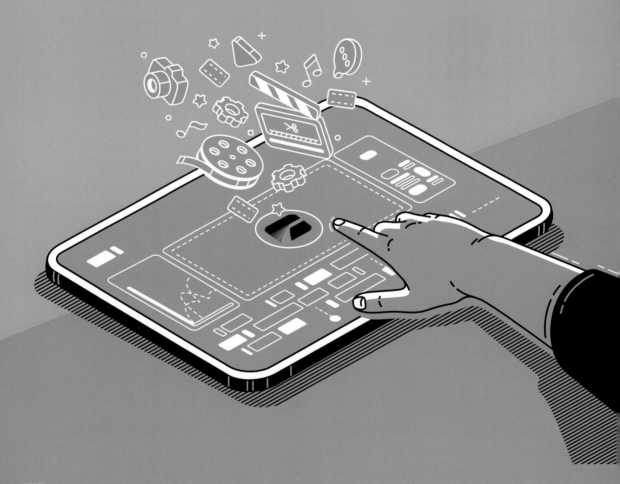

TIP

영상을 편집하다 보면 스킬뿐만 아니라 여러 가지 노하우가 쌓이기 마련이다. 지금까지 수많은 영상을 루마퓨전으로 편집하면서 쌓인 각종 노하우를 이번 파트에서 알려드리려 한다.

1. 프로젝트를 관리하는 방법

지금까지 책을 통해 배웠던 강의들을 직접 실습하고, 그것을 응용해서 자신의 영상을 만들어 봤을 것이라 생각한다. 그렇게 영상을 만들어가다 보면 어느새 작업한 프로젝트가 쌓이게 된다. 별생각 없이 보관을 하던 분들이라면 어느새 프로젝트 목록에 20개, 30개의 프로젝트가 쌓여 있을 것이다.

이렇게 프로젝트가 많이 쌓여 있으면 원하는 프로젝트를 찾기도 힘들고, 루마퓨전 앱 자체의 데이터 용량이 축적되어 앱 자체의 속도나 성능이 저하된다거나 아이폰, 아이패드의 용량이 점점 늘어나게 된다. 이런 식으로 계속 루마퓨전의 데이터가 쌓여가다 보면 결국 나중에는 루마퓨전을 삭제하고 재설치를 해야 하는 상황까지 생기게 된다.

만약 루마퓨전의 용량이 쌓이지 않게 하면서도, 작업한 프로젝트를 삭제하지 않고 보관하고 싶다면 어떻게 해야 할까? 해당 프로젝트들을 루마퓨전 앱아 아닌 다른 곳에 보관하면 된다. 지금부터 루마퓨전에서 작업한 프로젝트들을 외부에 저장하는 방법, 그리고 언제든지 루마퓨전에서 바로 사용할 수 있도록 쉽게 불러오는 방법까지 알아보도록 하겠다.

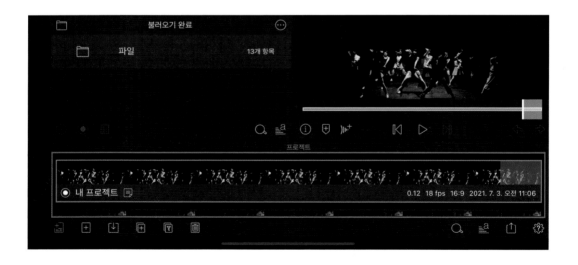

루마퓨전을 실행하면 하단 부분에서 그동안 작업한 프로젝트들을 확인할 수 있다. 작업이 완료

되었으나 보관해야 하는 프로젝트라면 쾌적한 편집 환경을 위해서 다른 곳으로 보내야 한다.

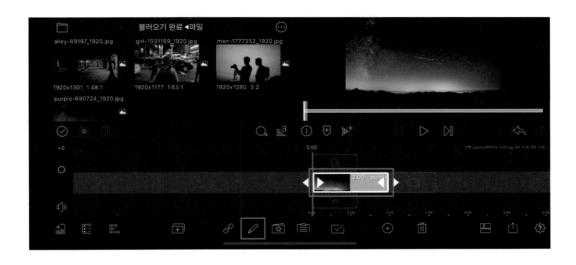

우측 하단에 공유/내보내기 버튼을 터치하자.

여기서 루마퓨전 프로젝트 패키지를 선택한다. 이 버튼은 선택한 프로젝트 및 그 프로젝트에서 사용한 각종 미디어들을 프로젝트 파일 그 자체로 저장할 수 있는 기능이다.

루마퓨전 프로젝트 패키지를 선택하면 위 사진과 같이 해당 프로젝트를 어디에 저장할지 선택할 수 있다. 파일을 터치하면 아이폰 혹은 아이패드 저장소에 저장할 수 있다. 기타 앱 및 에어드랍을 선택하면 에어드랍을 통해 다른 기기로 전송이 가능하다. 마지막으로 대상 추가/편집을 터치하면 그 외 여러 웹 드라이브에 저장하는 것도 가능하다.

저장 가능한 웹 드라이브는 위 사진과 같다. 원하는 곳에 저장을 완료했다면, 루마퓨전 앱 내에서는 해당 프로젝트를 삭제해주면 된다.

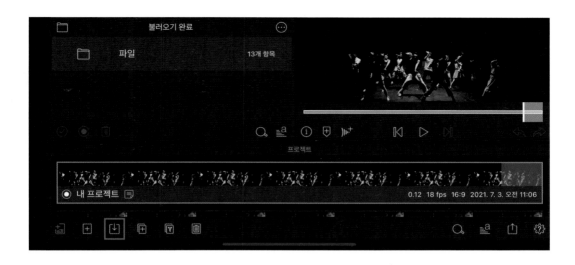

만약 나중에 다시 그 프로젝트를 불러와야 하는 상황이 생긴다면, 하단의 프로젝트 불러오기 버튼을 터치하자.

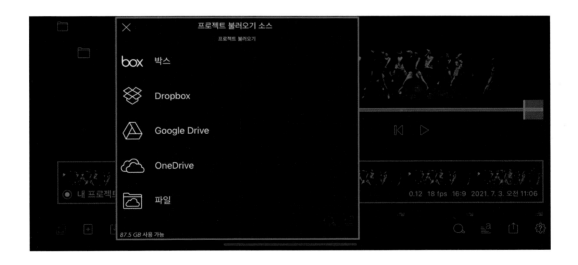

이전에 저장했던 위치를 선택해서 아주 간편하게 프로젝트를 불러올 수 있다.

2. 루마퓨전과 함께 사용하면 좋은 앱들

필자는 이 책의 전편에서 이런 말을 한 적이 있다.

> 편집이 대세를 이루게 될 것입니다. 현재에도 수많은 영상 편집 앱이 나와 있습니다. 하지만 그중에서도 루마퓨전은 컴퓨터 영상 편집 프로그램과 가장 닮아 있는 앱입니다. 모바일 영상 편집이 대세가 되는 시대, 그 선봉에 나선 루마퓨전이 바로 모바일 영상 편집 앱의 정점에 서 있을 것입니다.

여전히 루마퓨전은 모바일 영상 편집 앱 중에서는 최고의 앱이라는 사실은 변함이 없다. 하지만 분명한 것은, 루마퓨전에도 단점은 존재한다는 것이다. 만약 그 단점을 채워줄 수 있는 다른 앱이 있다면, 그 앱을 함께 사용함으로써 단점을 보완할 수 있을 것이다. 지금부터 루마퓨전과 함께 사용하면 좋은 앱에 대해 알아보자.

영상 편집 앱 블로

루마퓨전은 가장 컴퓨터와 닮아 있는 영상 편집 앱이고, 그만큼 기능도 많다. 하지만 그렇기 때문에 모든 효과를 직접 만들어야 한다. 많은 사람들이 모바일 기기로 영상 편집을 하는 이유가 간편하면서도 빠르게 편집을 하기 위해서이다. 루마퓨전은 직접 효과를 하나하나 만들어야 하니 라이트한 유저들은 사용하기가 힘들다. 하지만 이 블로라는 앱을 함께 사용하면 그 단점을 극복할 수 있다.

국내에서 가장 많이 사용되는 대표 영상 편집 앱 중 하나인 블로는 각종 스티커와 템플릿을 이용하여 아기자기한 편집을 하는 데 특화된 앱이다. 심지어 블로는 이런 콘셉트의 영상 편집 앱 중에서도 가장 많은 기능을 가지고 있기 때문에 블로를 메인 편집 앱으로 쓰는 사람도 심심치 않게 볼 수 있다. 무료로 다운로드가 가능하나, 인앱 결제를 해야 모든 기능을 사용할 수 있기 때문에 무료 버전을 다운받아서 사용해보고 블로의 아기자기한 스티커나 템플릿을 많이 이용한다면 결제하여 사용하면 된다.

개인적으로 루마퓨전과 블로는 필자도 가장 많이 쓰는 조합이다.

영상 편집 앱 키네마스터

키네마스터 역시 앞서 소개했던 블로와 마찬가지로 국내에서 가장 많이 사용되는 대표 영상 편집 앱 중 하나이다. 특히 키네마스터는 국내보다 해외에서 더 인기가 많다.

키네마스터의 경우 전문가가 아니라면 PC 영상 편집 프로그램으로도 만들기에 까다로운 각종 효과들을 터치 한 번에 사용할 수 있도록 템플릿을 제공하고 있다. 물론 키네마스터 앱은 무료로 다운로드가 가능하지만 이런 템플릿을 사용하려면 인앱 결제를 해야 한다. 또한 키네마스터는 한 번 구매하면 무제한으로 사용할 수 있는 게 아니라 정기적으로 결제해야 한다. 현재 7일 무료 체험 기회를 주고 있으니까 무료 체험으로 어떤 효과들이 있는지 직접 확인해보고 자신이 많이 사용할 것 같다면 결제를 진행하면 된다.

만약 자신이 고급스러운 효과가 많이 들어간 편집을 선호한다면 키네마스터 앱을 함께 써보길 추천한다.

영상 편집 앱 비타

국내 사진 앱으로는 원탑인 스노우에서 만든 영상 편집 앱이다. 비타의 장점은 블로와 마찬가지로 각종 템플릿과 스티커 등을 많이 보유하고 있다는 것이다. 하지만 비타는 블로에는 없는 기능이 존재한다. 바로 "프로젝트 템플릿" 기능이다.

우리가 앞서 배웠던 박자 편집 등 틱톡에서 유행 중인 각종 영상을 전문가가 직접 만들어 프로젝트로 제공한다. 따라서 사용자는 전문가가 만들어놓은 템플릿 예시 영상을 직접 시청한 다음 마음에 드는 것을 선택해서, 내부에 들어가는 영상 혹은 사진만 교체해주면 한 편의 영상이 뚝딱 만들어지는 것이다.

만약 자신이 유튜브보다 틱톡 등 짧은 영상을 주로 만드시는 분들이라면 비타 앱을 함께 써보길 추천한다.

🔘 자동 자막 앱 브루

국내 유튜버들의 영상 편집 시간을 획기적으로 줄여준 자동 자막 프로그램 브루는 영상에서 나오는 음성을 분석해 자막으로 만들어주는 기능을 한다. 원래는 PC 프로그램이었으나 앱으로 개발되어 출시되었다. 특히 모바일로 영상 편집을 할 때 음성이 많으면 자막을 만드는 데 정말 많은 시간을 소비하게 되는데, 이 앱 하나로 모두 해결할 수 있다.

만약 자신이 정보를 전달하는 영상을 만든다거나, 영상에서 자막이 많이 사용된다면 브루 앱을 함께 써보길 추천한다.

이미지 편집 앱 픽스아트

우리가 이미지를 편집해야 하는 대표적인 경우는 섬네일을 만들 때이다. 필자는 전편에서 루마퓨전으로 섬네일을 만드는 방법에 대해 설명했다. 하지만 루마퓨전은 영상 편집 앱이기 때문에 이미지를 편집하는 데는 한계가 있다. 특히 섬네일은 시청자가 영상을 볼지 말지를 선택하는 아주 중요한 요소이기 때문에 가능하다면 반드시 이미지 편집 프로그램을 이용해 퀄리티 높은 섬네일을 제작하는 쪽을 추천한다.

이미지 편집 앱 중에서는 가장 많은 기능을 가지고 있고, 국내와 해외 모두 가장 인기가 많은 앱 중 하나가 바로 픽스아트이다. 특히 픽스아트 강의를 하는 해외 유튜버들이 아주 많으니 배우기도 쉽다.

만약 자신이 조금 더 높은 퀄리티의 섬네일을 만들고자 한다면 픽스아트 앱을 함께 써보길 추천한다.

OUTRO

편집에 익숙해졌다면
이제 나도 유튜버가 되어보자

취미에서 부업으로, 부업에서 전업으로

지금까지 루마퓨전을 이용해 고퀄리티의 영상을 만드는 방법에 대해 배웠고, 여기까지 왔다면 여러분들은 충분히 멋진 영상을 만들어낼 수 있을 것입니다. VLOG도 멋지게 만들어낼 수 있을 것이고, 고퀄리티 여행 영상도 만들 수 있을 것입니다. 여기서 여러분들께 한 가지 질문을 드리겠습니다. 여러분들은 왜 영상 편집을 배웠나요? 일상의 기록을 남기기 위해서? 여행의 추억을 남기기 위해서? 사람마다 다양한 이유가 있겠지만, 그 어떤 이유든 어떤 영상을 만들었든 간에 관계없이, 만드신 영상을 유튜브에 업로드해보시길 바랍니다.

본격적으로 유튜브를 시작해보셔도 좋고 그냥 일기장처럼 올리셔도 좋습니다. 일단 업로드하세요.

혹시 아나요? 누군가 내 영상을 보고 마음에 들어 할지?
혹시 아나요? 그렇게 내 영상을 좋아해주는 사람이 한 명씩 늘어가다 어느새 구독자 1천 명이 넘어 유튜브로 수익을 얻을 수 있을지?
혹시 아나요? 그러다 내 유튜브 수익이 월급을 뛰어넘을지?
혹시 아나요? 그렇게 회사를 퇴사하고 전업 유튜버가 될지?

네 맞습니다. 그게 바로 접니다. 저 또한 그냥 취미로 유튜브를 시작했고, 그렇게 구독자가 많아지면서 부가적인 수입이 들어오기 시작했고, 어느새 그 수입이 월급을 넘어섰고, 회사를 퇴사하고 유튜브를 포함한 각종 영상 편집 및 유튜브 컨설팅 프리랜서가 되었습니다. 지금은 회사를 다닐 때의 반도 안 되는 시간 동안만 일을 합니다. 남는 시간 동안 가족들과 함께 시간을 보내고 친구들과 여행도 다니죠. 그렇게 일을 해도 월 수익은 두세 배가 되었죠. 이게 여러분의 인생이 될지도 모릅니다.

유튜브 채널 '치하키 스튜디오'는 지금까지 여러분들이 책에서 배웠던 강의들을 포함하여 100가지가 넘는 루마퓨전 강의 영상들이 업로드되어 있습니다. 그 외에도 각종 무료 템플릿, 무료 프리셋들을 공유하는 국내 최고의 모바일 영상 편집 강의 채널입니다. 또한 루마퓨전 강의뿐만 아니라 마지막 파트에서 소개해드렸던, 루마퓨전과 함께 사용하여 영상의 퀄리티를 더욱 높일 수 있는 각종 앱에 대한 강의도 이루어지고 있습니다.

그리고 여러 기업들에서 진행했던 유튜브 컨설팅 경험을 살려서 "어떻게 하면 유튜브 채널을 성장시킬 수 있을 것인가?"에 대해 다루는 유튜브 강의도 진행하고 있습니다. 제 유튜브 강의가 신빙성이 있다는 것을 증명하기 위해 실제로 새로운 채널을 개설하여 강의 내용 그대로를 적용한 결과, 1개월 반 만에 시청 시간 수익 창출 조건인 구독자 1000명, 시청 시간 4천 시간을 달성했고, 3개월 만에 월 100만 원이라는 수익을 달성했습니다.

여러분들은 영상 편집을 배웠기에, 이제 새로운 인생을 살 준비가 되셨습니다. 제가 아는 모든 노하우를 유튜브 채널에서 알려드리겠습니다.

찾아보기

모바일 영상 편집, 이제 고급 스킬까지 마스터한다
루마퓨전 한 걸음 더

초판 1쇄 발행 | 2021년 8월 31일

지은이 | 이재면
펴낸이 | 김범준
기획/책임편집 | 이동원
교정교열 | 윤구영
표지 및 본문 디자인 | 이승미

발행처 | 비제이퍼블릭
출판신고 | 2009년 05월 01일 제00-2009-38호
주소 | 서울시 중구 청계천로 100 시그니처타워 서관 10층 1011호
주문/문의 | 02-739-0739   **팩스** | 02-6442-0739
홈페이지 | https://bjpublic.co.kr   **이메일** | bjpublic@bjpublic.co.kr

가격 | 26,000원
ISBN | 979-11-6592-093-7
한국어판 ⓒ 2021 비제이퍼블릭